Andreas Buckert/Michael Kluge

Der Ausbilder als Coach

Andreas Buckert/Michael Kluge

Der Ausbilder als Coach

Motivierte Auszubildende am Arbeitsplatz

2. Auflage

Deutscher Wirtschaftsdienst

Die Deutsche Bibliothek – CIP-Einheitsaufnahme

Buckert; Andreas : Der Ausbilder als Coach : motivierte Auszubildende am Arbeitsplatz / Andreas Buckert ; Michael Kluge. - 2. durchgesehene Aufl. - Köln : Dt. Wirtschaftsdienst, 2002
ISBN 3-87156-542-3

Lektorat: Erwin Stickling

Fachverlag Deutscher Wirtschaftsdienst GmbH & Co. KG

Marienburger Straße 22, D-50968 Köln (Marienburg)
Telefon (02 21) 9 37 63-0, Telefax (02 21) 9 37 63-99
Internet: http://www.dwd-verlag.de, eMail: box@dwd-verlag.de

© 2002 Fachverlag Deutscher Wirtschaftsdienst GmbH & Co. KG, Köln

Das Werk einschließlich aller seiner Teile ist urheberrechtlich geschützt. Jede Verwertung außerhalb der engen Grenzen des Urheberrechtsgesetzes ist ohne Zustimmung des Verlags unzulässig und strafbar. Dies gilt insbesondere für Vervielfältigungen, Übersetzungen, Mikroverfilmungen und die Einspeicherung und Verarbeitung in elektronischen Systemen.

Umschlaggestaltung: Ute Weber GrafikDesign, Geretsried
Satz: TGK Wienpahl, Köln
Druck: Aschendorff Druckhaus, Münster

Widmung

Dieses Buch widmen die Autoren allen Ausbilderinnen und Ausbildern sowie Ausbildungsbeauftragten, die täglich in den Unternehmen junge Menschen ausbilden, fördern und betreuen.

Ihnen gilt unser aufrichtiger Dank für ihr wirtschaftliches und gesellschaftliches Engagement, das sie in der Mehrzahl neben der eigentlichen Arbeit unentgeltlich praktizieren.

Mit dem vorliegenden Buch wollen wir Ausbilderinnen und Ausbilder sowie Ausbildungsbeauftragte dabei unterstützen, der beruflichen Qualifizierung ein Höchstmaß an Professionalität zu geben.

Danksagung

Ein Buch bietet eine seltene Gelegenheit, Menschen öffentlich zu danken. Unser Dank gilt zunächst allen Ausbildern und Ausbildungsbeauftragten, denen wir in den zurückliegenden Jahren im Rahmen unserer Arbeit begegnet sind. Aus diesen Begegnungen haben wir eine Fülle an Anregungen gewonnen, die zum „lebendigen Charakter" dieses Buches erheblich beitragen.

Mein Dank gilt meinem ehemaligen Ausbildungsmeister Klaus Granzin, der mich als Lehrling hervorragend „gecoacht" hat, obwohl ihm der Begriff vermutlich fremd war. Ihm rechne ich es hoch an, dass ich erleben konnte, wie man in der Berufsausbildung professionell pädagogisch handelt. Ein Großteil dessen – was an Kenntnissen im Rahmen der Berufs- und Arbeitspädagogik (Teil IV der Meisterprüfung im Handwerk) vermittelt wird – hat er im betrieblichen Alltag vorbildlich praktiziert. Er war und ist im wahrsten Sinne des Wortes ein „Meister".

Ferner bedanke ich mich recht herzlich bei dem Mitherausgeber des Ausbilder-Handbuches, Professor Wolfgang Wittwer, der mir den Weg zum Deutschen Wirtschaftsdienst geebnet hat. Außerdem danke ich „meinem" persönlichen Coach, Matthias Sell – Leiter des Instituts „INITA" in Hannover – unter dessen Anleitung ich neue Einsichten und Handlungsoptionen entdecke. *(Michael Kluge)*

Mein Dank gilt – was er sicher an dieser Stelle nicht erwartet – meinem Freund Harald Rohde, der meiner Entwicklung wertvolle Impulse gegeben hat. Nicht zuletzt hat sein Wahlspruch „Es ist alles eine Frage der Wahrnehmung" sehr dazu beigetragen, mich in allen Lebenssituationen weit mehr als bisher in die Sichtweise meiner jeweiligen Gesprächspartner hineindenken zu wollen und so ein besserer Coach zu werden.

Ich danke auch meinem Mitautor Michael Kluge. Er hat mich zu der Idee gebracht, an diesem Buch mitzuschreiben, und hat mich während der Erstellungsphase meine Unzulänglichkeiten niemals spüren lassen. *(Andreas Buckert)*

Last but not least gilt unser Dank unserem Lektor Erwin Stickling, der das Manuskript gründlich durchgearbeitet und das Buch damit besser gemacht hat.

Inhaltsverzeichnis

0 Worum es in diesem Buch geht 9

1 Vom Ausbilder zum Coach

1.1 Der Umbruch in der Berufsbildung 13
1.2 Was ist Coaching? 15
1.3 Was kennzeichnet einen „guten" Coach? 20
1.4 Was für ein Ausbildertyp bin ich? 22

2 Fachwissen anschaulich vermitteln – aber wie?

2.1 Der Ausbildungsprozess 31
2.2 Gut geplant ist halb qualifiziert 33
2.3 Die „Stuhl-Gang-Methode":
    Wie Sie positionsgerecht instruieren 38
2.4 Die Kundenorientierung: Wie Sie lerntypgerecht unterweisen ... 46
2.5 Die Doppelstrategie: Wie Sie „gehirngerecht" ausbilden 53

3 Sich und Auszubildende motivieren

3.1 Das Drei-Säulen-Modell der Motivation 61
3.2 Ziel- statt problemorientiert denken und handeln 64
3.3 Das Yin-Yang-Prinzip der Motivation 75
3.4 Wie Sie ohne Geld motivieren 86

4 Beurteilungen systematisch erstellen und besprechen

4.1 Der Nutzen von Beurteilungen 99
4.2 Das Johari-Modell: Ihre Rolle als Ausbilder 101
4.3 Phase A: Der Beobachtungsprozess 105
4.4 Phase B: Das Beurteilen 112
4.5 Phase C: Das Führen von (Beurteilungs-)Gesprächen 121

5 Beraten und Konflikte managen

5.1 Anlässe besonderer Gespräche 133
5.2 Watzlawick & Co.:
 Die „Geheimnisse" der Kommunikationsgenies 134
5.3 Das 7-Schritte-Modell zur Lösung von Problemen 147
5.4 Das 6-Schritte-Modell zur Lösung von Konflikten 153

Schlussbemerkung 171
Hinweise auf Quellen und weiterführende Literatur 173
Stichwortverzeichnis 175

Worum es in diesem Buch geht

Sind Sie bereit? Okay, dann springen Sie direkt ins Thema:

„In einer Abteilung eines größeren Mineralölkonzerns bearbeitet der Auszubildende Meier einen Auftrag: Es geht darum, die Tankstellen-Partner in den nächsten Wochen mit Regalen zu versorgen. Es gibt zwei Typen von Regalen, die sich in der Länge, Höhe und Tiefe unterscheiden. Durch das verkehrte Bearbeiten am Computer erhalten die Tankstellen-Partner die falschen Regale. Diejenigen, die Regaltyp A gebraucht hätten, erhalten Typ B, und die anderen genau das Gegenteil. Die 2.500 Tankstellen-Partner müssen angerufen werden, um das Miss(t)verständnis aufzuklären. Denn mittlerweile sägen einige Partner die Regale zurecht. ‚Es ist Holland in Not.' Der Auszubildende Meier, der den Vorgang bearbeitet hat, wird vom Anrufen befreit, weil er Angst vorm Telefonieren hat. Kurzerhand wird eine andere Auszubildende beauftragt, sich mit den Partnern in Verbindung zu setzen, um den Vorgang zu erläutern und sich dafür zu entschuldigen."

Dieser reale Fall macht sehr deutlich, worum es in diesem Buch geht und was in dem oben geschilderten Fall versäumt wurde: das konsequente Entwickeln und Fördern von Eigenständigkeit und Selbstverantwortung. Es ist nicht weiter tragisch, dass dem Auszubildenden ein Fehler unterlaufen ist. Lernen, ohne Fehler zu machen, ist wie Ausbilden ohne Auszubildende. Beides ist nicht möglich. Viel interessanter in dem eingangs geschilderten Fall ist der Umgang mit Fehlern. Erinnert doch das Vorgehen des zuständigen Ausbilders an eine Strategie, die im Umgang mit Kindern praktiziert wird: „Der ‚Kleine' wird verschont, andere ziehen für ihn den Karren aus dem Dreck." Ergebnis: Der Auszubildende Meier wird um eine Lernchance beraubt, Verantwortungslosigkeit wird gefördert.

Fördern von Eigenständigkeit und Selbstverantwortung

0 Worum es in diesem Buch geht

Ziele der Berufsausbildung

Die Ziele einer Ausbildung sind laut Berufsbildungsgesetz das Vermitteln von Fertigkeiten und Kenntnissen, der Erwerb von beruflichen Erfahrungen sowie das Fördern der Persönlichkeit. Mit der Neuordnung der Elektro- und Metallberufe Ende der achtziger Jahre fand ein Paradigmenwechsel statt: Vor dem Hintergrund der immer kürzer werdenden Innovations- und Produktzyklen sowie den Halbwertzeiten des Wissens tauchten als Berufsziele erstmals das „selbstständige Planen, Durchführen und Kontrollieren" auf. Seitdem nimmt das Fördern von berufs- und fachübergreifenden Fähigkeiten, kurz Schlüsselqualifikationen genannt, einen immer größer werdenden Stellenwert ein. Damit verschob sich der Fokus zugunsten der Persönlichkeitsförderung, ohne die beiden anderen Ziele zu vernachlässigen. Diese Entwicklung wirkt sich auf die Rolle des Ausbildungspersonals aus: Der Ausbilder wird zum Coach.

Die Rolle des Ausbilders

Bei dem Begriff „Coach" handelt es sich um einen mehrdimensionalen Begriff. Im Vergleich zum klassischen Ausbilder – dessen Aufgabe in erster Linie in der Wissensvermittlung gelegen hat – kommen zwei Funktionen hinzu, und zwar: Beratung und Förderung, deren Ziel eine ganzheitliche Persönlichkeitsentwicklung ist.

Ausbildung Keimzelle für Motivation

Bei entsprechender Gestaltung wird die berufliche Erstausbildung zur Keimzelle für (Lebens-)Qualität, (Arbeits-)Motivation und (Kunden-)Zufriedenheit. Das Aus- und Weiterbilden des Personals nimmt in der heutigen marktwirtschaftlichen Situation die wichtigste Schlüsselfunktion ein. Denn was wären all die anderen Unternehmensbereiche ohne qualifizierte Mitarbeiter/-innen? Geisterstädte ohne Geister. Ausbilder/-innen und Ausbildungsbeauftragte legen im Sinne der Unternehmensphilosophie den Grundstein für eine hohe fachliche sowie menschliche Kompetenz und sorgen somit für eine langfristige Wettbewerbsfähigkeit des Unternehmens. Sie bilden die Basis für Qualitäts- und Innovationsschübe. Bildlich gesprochen stellen die Aus- und Weiterbildungsabteilungen den Flaschenhals eines Unternehmens dar, durch den die Dienstleistungen und Produkte die für den Vertrieb notwendige Qualität erlangen.

Der vorliegende Band fokussiert das Beziehungsgeflecht zwischen Ausbilder/-innen/Ausbildungsbeauftragten und Auszubildenden. Erfahren Sie, wie Sie Ihre Auszubildenden coachen: vom Motivieren und Qualifizieren übers Beurteilen bis zum Lösen von Konflikten. Analog zum IKEA-Slogan: Entdecke die Möglichkeiten.

Das Buch richtet sich an Ausbilder/-innen/Ausbildungsbeauftragte sowie an alle, deren tägliches Brot es ist, neben der eigentlichen Arbeit Lernprozesse zu initiieren und zu gestalten. Für Ungeübte stellt das Buch einen „Werkzeugkasten" mit Kommunikationstechniken zur Verfügung, der es ihnen ermöglicht, Qualifizierungsprozesse ebenso professionell zu gestalten wie die tägliche Arbeit; für „alte Hasen" ist das Buch eine Gelegenheit, ihre Ausbildungspraxis zu überprüfen und zu systematisieren.

Zielgruppe des Buches

Während hauptberufliche Ausbilder – die laut § 20 des Berufsbildungsgesetzes die berufsspezifische sowie die berufs- und arbeitspädagogische Eignung nachweisen müssen – in der Regel als bezahlte „Profis" agieren, üben Ausbildungsbeauftragte in der Mehrzahl diese Tätigkeit an den einzelnen Arbeitsplätzen unentgeltlich aus. Ihre Berufung erfolgt oftmals spontan. Ausschlaggebend ist dabei ihr Expertenwissen. Sie verfügen in aller Regel über keine berufpädagogische Qualifikation laut Ausbilder-Eignungsverordnung. Ihnen gemeinsam liegt es am Herzen, junge Menschen auf die Anforderungen von morgen vorzubereiten.

Ausbilder/ Ausbildungsbeauftragte

Der Band ermöglicht Ihnen, konkrete Hilfestellungen für viele Ihrer Fragen und Probleme so anzusteuern, dass Sie nicht alles wie aus einem Guss lesen müssen. Bitte verstehen Sie sowohl grundsätzliche Überlegungen als auch praktische Handlungshinweise als Anregung zum praktischen Probieren, nie aber als alleingültige Vorschrift. Die Handlungshinweise dienen im Grunde als Stimulans für Ihre schöpferische Begabung und zum Entwickeln eines eigenen Rollenverständnisses als Coach.

Handlungshinweise

Wenn die Autoren von Ausbildern und Ausbildungsbeauftragten sprechen, sind das für sie geschlechtsneutrale Funktionsbegriffe. Selbstverständlich meinen sie stets auch Ausbilderinnen und Ausbildungsbeauftragte, zumal ihnen in der Vergangenheit vielfach Frauen in dieser Funktion begegnet sind. Sie sind jedoch der Meinung, dass es für den

Leserfreundliche Entscheidung

0 Worum es in diesem Buch geht

Leser zu ermüdend wäre, auf jeder Seite dieses Buches mehrfach die Formulierungen „Ausbilderinnen und Ausbilder" sowie „Ausbildungsbeauftragte und Ausbildungsbeauftragter" aufzunehmen. Deshalb haben Sie auf diese Doppelbezeichnung verzichtet. Sie bitten um Nachsicht für diese leserfreundliche Entscheidung.

Quellennachweis In das vorliegende Buch sind viele eigene und teilweise fremde Unterlagen eingeflossen, die nirgendwo als Publikationen vorliegen. Es handelt sich um Vorlagen in Form von Arbeitspapieren, Folien, Flipchart- oder Metaplan-Plakaten, auf die wir im Verlauf unserer praktischen Bildungsarbeit gestoßen sind. Das korrekte Zitieren ist gelegentlich daran gescheitert, dass die Verfasser zum Teil nicht mehr ermittelt werden konnten.

Pictogramme Schließlich noch ein Hinweis auf die im Buch verwendeten Symbole:

　　Praxisbeispiel

　　Übung/Aufgabe

　　Frage/Quiz

　　Tipp/Hinweis

　　Checkliste

1 Vom Ausbilder zum Coach

Gerüchten zufolge soll es in den siebziger Jahren in einem großen Unternehmen der deutschen Automobilindustrie noch Ausbilder gegeben haben, die von ihren Auszubildenden verlangten, das Denken den Pferden zu überlassen. „Die haben eh größere Köpfe", lautete ihre Begründung. Demzufolge gaben die Auszubildenden brav beim Betreten des Werksgeländes ihr Gehirn beim Pförtner ab und ließen es sich in den meisten Fällen zum Feierabend wieder aushändigen.

1.1 Der Umbruch in der Berufsbildung

Mit der Neuordnung der Elektro- und Metallberufe Ende der achtziger Jahre fand in der Berufsausbildung ein Paradigmenwechsel statt. Lapidar formuliert: War das Mitdenken in den siebziger Jahren noch mancherorts verpönt, mauserte es sich Ende der achtziger Jahre zum „Senkrechtstarter". Seitdem ist das Fördern von Handlungskompetenz auf dem Vormarsch: Neben dem Vermitteln von berufstypischen Fertigkeiten und Kenntnissen sowie dem Erwerben von Berufserfahrungen sehen die Ausbildungsordnungen neueren Typs auch das Fördern von berufs- und fachübergreifenden Fähigkeiten wie Kommunikations- und Kooperationsvermögen, kurz Schlüsselqualifikationen genannt, vor.

Fördern von Handlungskompetenz

Doch dies ist allein mit den konventionellen Ausbildungsmethoden – zum Beispiel der 4-Stufen-Methode, die mehr den reproduzierenden Mitarbeiter fördert – nicht zu erreichen.

Schlüsselqualifikationen haben einen hohen Allgemeinwert, der nicht direkt auf eine bestimmte Arbeitsfunktion bezogen ist. Sie sind vielfältig einsetzbar und veralten weniger schnell als spezielle fachliche Fertigkeiten und Kenntnisse;

Schlüsselqualifikationen

sie sollen Anpassungsprozesse an nicht genau vorhersehbare Entwicklungen erleichtern sowie die Fähigkeit fördern, erworbenes Wissen auf unbekannte Situationen oder Probleme mit Erfolg anzuwenden.

Als anschauliches Beispiel soll die Kommunikation im Bankgewerbe dienen: Obwohl das Wissen um die D-Mark demnächst zum Entsorgen auf dem Komposthaufen landet, ist der Banker nach wie vor gefordert, sein aktualisiertes Wissen zum Thema „Geld" im Kundengespräch zu kommunizieren. Das „Was-besprochen-wird" unterliegt einem permanenten Wandel. Das „Wie-etwas-besprochen-wird" unterliegt dem kontinuierlichen Verbesserungsprozess.

Persönlichkeitsförderung

Demnach handelt es sich bei den Schlüsselqualifikationen um einen staatlich anerkannten „Dietrich", der dem Mitarbeiter heute und zukünftig „Tür und Tor" öffnet. Damit hat sich der Fokus innerhalb der Berufsausbildung zugunsten der Persönlichkeitsförderung verschoben. Da sich dieses Ziel nur in Verbindung mit dem Vermitteln von Fachqualifikationen erreichen lässt, müssen Ausbilder nicht nur ihre Kompetenz durch neue Fachinhalte erweitern, sondern mehrere Ausbildungsstrategien beherrschen, die sie situativ anwenden können. Diese „Werkzeugvielfalt" verhindert ein einseitiges Ausbilderverhalten. Sinnbildlich formuliert: „Wer außer dem Hammer auch einen Schraubendreher, eine Kneifzange und andere Werkzeuge kennt, für den ist nicht immer der Nagel das Problem."

Duales Studium

Hinzu kommt eine Entwicklung, die sich ebenfalls auf das Anforderungsprofil des Ausbildungspersonals auswirkt. Vielfach ist zu beobachten, dass immer mehr Betriebe dazu tendieren, Ausbildungsverträge abzuschließen, die parallel zur Berufsausbildung ein Studium an einer Fachhochschule oder Berufsakademie vorsehen. Aus dieser Zweigleisigkeit wächst auf Seiten der Auszubildenden ein hohes Informations- und Beratungsbedürfnis, das von Ausbildern in geeigneter Form aufzufangen ist.

Die Frage, die sich aus diesen Entwicklungen ableiten lässt, lautet: Wie ist das vom Berufsbildungsgesetz vorgegebene Ziel der ganzheitlichen Persönlichkeitsförderung bei gleichzeitigem erhöhten Informations- und Beratungsbedürfnis der Auszubildenden zu erreichen? In diesem Zusammenhang muss die Rolle des Ausbildungspersonals neu überdacht werden.

Die Autoren sind der Ansicht, dass das Managen dieser Komplexität mit dem Selbstverständnis des traditionellen Ausbilders – dessen Aufgabe in erster Linie in der Wissensvermittlung gelegen hat – nicht in dem gewünschten Maße gelingen kann. Es wäre auch Zeitvergeudung, wenn Ausbilder in einer Epoche, in der Enkelkinder den Großvätern den Umgang mit den Computern erklären und E-Learning auch in der Berufsausbildung auf dem Vormarsch ist, die eigene Funktion auf das Weitergeben von Wissen beschränken würden. Daher lautet unsere Empfehlung: Werden Sie zum Coach des Auszubildenden.

Werden Sie zum Coach!

Logischerweise stellen Sie sich die Fragen:

Was ist Coaching, was kennzeichnet einen „guten" Coach und wie agiert er im Ausbildungsalltag?

Sie werden beim Lesen entdecken, warum die Formulierung „Coach statt Ausbilder" mehr ist als ein bloßes Wortspiel, nämlich der Schlüssel zu einem anderen Verständnis der Ausbildungsaufgabe und damit zu mehr persönlichem Erfolg.

1.2 Was ist Coaching?

Kennen Sie den Begriff „Coach" aus der Welt des Sports? Der „Coach" oder „Coachman" ist eigentlich ein Kutscher, dessen Aufgabe das Lenken und Betreuen der Pferde ist. In diesem Sinne wurde der Begriff „Coach" oder „Coaching" in andere Bereiche eingeführt. Zunächst war die Profession der Coaches nur im Sport zu finden. Dort sorgt der Coach, der mehr ist als nur ein Trainer, mit seinem Wissen und Können für die körperliche, seelische und mentale Fitness der Athleten. Coaches verstehen sich als Garanten für die Höchstleistungen ihrer Schützlinge. Denken Sie nur an Boris Becker, dessen mentale Fitness in vielen Fällen über den Ausgang eines Spieles entschieden hat.

Begriff

1 Vom Ausbilder zum Coach

Später wurde das Coaching auch auf das Wirtschaftsleben übertragen. Ob Sport oder Wirtschaftsleben – in beiden Bereichen geht es um Leistung, Leistungssteigerung, Motivation und Identifikation mit einer Aufgabe. In diesem Sinne lässt sich Coaching als personenzentrierter Beratungs- und Betreuungsprozess definieren.

Beratung und Förderung

Bei dem Begriff „Coach" handelt es sich um einen mehrdimensionalen Begriff. Im Vergleich zum klassischen Ausbilder kommen zwei Funktionen hinzu, und zwar: Beratung und Förderung, deren Ziel eine ganzheitliche Persönlichkeitsentwicklung ist. Dazu zählen die persönlichen und sozialen Kompetenzen, das Wertebewusstsein sowie die Fähigkeit zu lebenslangem Lernen und selbstverantwortlichem Handeln.

Unter Coaching als Instrument der Personalausbildung und -förderung verstehen die Autoren individuelle (Beratungs-)Gespräche mit dem Ziel, dass der Auszubildende seine Rolle im Unternehmen eigenständig besser gestaltet, um erfolgreicher zu sein. Dabei konzentriert sich das Coaching auf Möglichkeiten der Zukunft, nicht auf die Fehler der Vergangenheit. Es sollen keine Schuldigen, sondern fähige Mitarbeiter/-innen ausgebildet werden.

„Nicht selten ist der Trainer-Coach im Sport auch Partner seines Leistungsträgers in einer persönlichen, sehr besonderen Beziehung, eine Mischung aus Vertrautem, Zuhörer, Beichtvater und Gesprächspartner für Persönliches, Pädagoge, Elternfigur und manchmal auch Vorbild" (Loos 1997, S. 36). In dieser Beschreibung ist bereits angelegt, was auch für die Berufsausbildung wünschenswert wäre: eine ganz besondere Beziehungsqualität zwischen Ausbilder und Auszubildendem, um ihn im Hinblick auf seine berufliche und persönliche Entwicklung zu coachen.

Wann macht Coaching Sinn?

In der Berufsausbildung gibt es zahlreiche Anlässe für einen Coachingprozess. Dazu gehört beispielsweise

▶ das eigene Hinterfragen von Denk- und Verhaltensweisen in Verbindung mit dem Vorhaben, die Ausbildung abzubrechen.

▶ das Ermitteln einer individuellen Lernstrategie, um den Prozess des selbstgesteuerten Lernens zu optimieren.

Was ist Coaching? 1.2

▶ das mentale Vorbereiten auf Präsentationen, Prüfungen und Examen, um sicher in solchen Situationen zu handeln.

▶ das Klären von beruflichen Zielen, um sich zwischen unterschiedlichen Arbeitsplatzangeboten für die Zeit nach der Berufsausbildung entscheiden zu können.

▶ das Überprüfen des eigenen Verhaltens im Spannungsfeld vielfältiger Interessen, um ein höheres Maß an Handlungskompetenz und -sicherheit zu gewinnen.

Gerade was den letzten Punkt betrifft, werden Sie feststellen, dass Sie zum Teil auch dazu beitragen, die Dinge auszugleichen, die in erster Linie die Familie und in geringem Umfang auch die Schule nicht haben vermitteln können oder wollen. Dazu gehört die Sozialkompetenz: „Wie gehe ich mit anderen um?" Vielfach werden Verhaltensweisen wie Höflichkeit, Hilfsbereitschaft, Fairness, Zuverlässigkeit und kundengerechtes Verhalten als selbstverständlich vorausgesetzt, da sie den Umgang miteinander enorm erleichtern. Aber wie reagieren Sie, wenn solche Anforderungen nicht erfüllt werden, weil die jungen Menschen für das Praktizieren solcher Umgangsformen bislang keine Notwendigkeit erfahren haben. Kopf in den Sand stecken verursacht nur knirschende Zähne. Die Kunst des Coachens beginnt ja erst bei (Verständnis-)Problemen.

Sozialkompetenz

Ob der Auszubildende 15 oder 23 Jahre alt ist, die Berufserziehung fällt nach wie vor in das Ressort des Ausbilders. Wer sich dieser Pflicht entzieht, gesellt sich bedauerlicherweise zu der Schar der „Entziehungskurteilnehmer". Das Ergebnis: Ein Bundeskanzler sieht sich veranlasst, einen „Aufstand der Anständigen" zu wünschen.

Berufserziehung

Befreien Sie sich von dem Gedanken, dass Sie nur ein kleines Rädchen in einem großen Getriebe sind – ohne Macht und Einfluss. Ganz im Gegenteil: Sie bestimmen entscheidend mit über den Unternehmenserfolg – vielleicht nicht über den von heute, aber das macht ja gerade eine strategisch wichtige Position aus, dass sie nicht kurzfristig, sondern langfristig wirkt. Darüber hinaus leisten Sie einen gesellschaftlichen Beitrag: Mit Ihrem Engagement tragen Sie

Ausbildung ist strategischer Erfolgsfaktor

17

1 Vom Ausbilder zum Coach

dazu bei, „... dass unserem Gesellschafts- und Wirtschaftssystem der notwendige Nachwuchs zur Verfügung gestellt wird, der in der Lage ist, das Leistungsniveau einer hochtechnisierten Wettbewerbswirtschaft zu sichern und die freiheitlich-demokratische Gesellschaft zu erhalten und weiter zu entwickeln" (RUSCHEL 2000, S. 185). Seien Sie sich bewusst, dass Sie über eine große Machtfülle verfügen. Gehen Sie mit dieser Macht verantwortungsbewusst um. Sie können es zwar nicht allen recht machen, aber Sie können sich bemühen, es allen gerecht zu machen.

Konfrontationsbereitschaft Trotz der sicher wünschenswerten Sympathie und Exklusivität im Umgang miteinander steht im Zentrum des Geschehens keine „Friede-Freude-Eierkuchen-Mentalität". Ganz im Gegenteil: Im Coachingprozess geht es nicht darum, geliebt, sondern akzeptiert zu werden. Es wäre eine ungünstige Ausgangsbasis für einen Coach, diese Tätigkeit mit der heimlichen Hoffnung zu verknüpfen, dadurch „geliebt" zu werden. Er würde zwangsläufig Situationen vermeiden, in denen das Mittel „Konfrontation" angemessen wäre, weil er bewusst oder unbewusst Angst vor der ablehnenden Haltung des Auszubildenden hätte.

Im Zeitalter der Globalisierung – die unter anderem eine Wertevielfalt zur Folge hat – ist es aber wichtig, sein „Gesicht" zu zeigen. Für das Entwickeln eines eigenen Normen- und Wertesystems ist es hilfreich, sich mit anderen „reiben" zu können, sich mit deren Wertesystem auseinander zu setzen. Das setzt allerdings Ausbildungsbeauftragte voraus, die zur Konfrontation bereit sind, statt „Friedhöflichkeit" zu pflegen.

„Menschen, die wie 'ne Pommesbude nach allen Seiten offen sind, können nicht ganz dicht sein", lautet ein Graffiti-Spruch. In einer Zeit der persönlichen Umstellung können junge Menschen in der Regel mit „Wischi-Waschi-Typen", die in ihren Standpunkten aalglatt sind wie ein Fisch, wenig anfangen. Berufsanfänger können sich in der schwierigen Phase des Erwachsenwerdens nicht mit Ausbildern „reiben", die nicht zu „greifen" sind. Lernen ist aber nach wie vor ein Prozess der Auseinandersetzung. Dieser Prozess bedingt Ausbilder, die bereit und interessiert sind, sich mit jungen Menschen auseinander zu setzen. Auch dies ist eine Form von „Zivilcourage".

Die Autoren Peter Struck und Ingo Würtl haben Schüler befragt, was denn aus ihrer Sicht einen guten Lehrer ausmache. In ihrem Buch „Vom Pauker zum Coach – Die Lehrer der Zukunft" berichten sie, dass die Antworten auf die Frage sehr ähnlich ausgefallen waren. Dabei wurde die Fähigkeit „Sich-durchsetzen-können" immer wieder genannt. Laut Befragung finden es Schüler schlecht, wenn manche Lehrer das wenig oder gar nicht tun. Allerdings ist mit dem Handeln gemäß dieser Erwartungshaltung keine moralische Entlastung des Lehrers durch die Schüler verknüpft. Ganz im Gegenteil: „Wer sich als Lehrer durchsetzt, muss es freilich ertragen, dadurch den Unwillen der Schüler, ihr Maulen, heimliche oder offene Drohungen und Beschimpfungen hervorzurufen. Aber letztlich bleibt aus der Sicht der Schüler die Fähigkeit, sich durchzusetzen, unbedingt das Kennzeichen eines guten Lehrers; ein solcher Lehrer bietet Halt, wird geachtet und geliebt" (STRUCK/WURTL 1999, S. 64).

Durchsetzungsfähigkeit

Bezogen auf die Berufsausbildung geht es nicht darum, sich erwartungsgemäß zu verhalten, sondern sich selbst zu definieren, zu bestimmen, was ein „guter Ausbilder/Coach" zu tun hat, und in diesem Sinne konsequent zu handeln. Für die emotionale und intellektuelle Entwicklung gehört es in den meisten Fällen dazu, sich mit den Alltagserfahrungen und Problemen seiner Auszubildenden auseinander zu setzen.

Und was wäre eine Ausbildung ohne Konflikte? Öde und fad wie eine Suppe ohne Salz. Wenn im Rahmen einer Berufsausbildung von Anfang an alles super liefe, wäre das Ausbildungspersonal so viel wert wie die auslaufende D-Mark. Erst das Auseinandersetzen mit unterschiedlichen Standpunkten und Zielen macht das Miteinander so interessant, vielfältig und ergiebig. Bitte beachten Sie auch, dass „schwierige" Auszubildende gelegentlich Menschen in Schwierigkeiten sind.

„Schwierige" Auszubildende

Übrigens: In Zeiten starker Arbeitsbelastung ist der Wunsch nach fertigen Auszubildenden verständlich, zumal es diese auch gibt. Allerdings heißen sie Mitarbeiter/-innen und werden als solche eingestellt und bezahlt.

Coaching-Merkmale

Folgende Merkmale kennzeichnen einen Coachingprozess:

- Coaching ist freiwillig und vertraulich.

- Coaching ist eine ergebnis- und zielorientierte Dienstleistung von Seiten des Ausbilders. Dabei definieren die Beteiligten ein Ziel, das der Auszubildende in einer begrenzten Zeit erreichen kann.

- Beim Coaching stehen die Berufsrolle und Berufspersönlichkeit des Auszubildenden im Mittelpunkt des Prozesses. Auch private Themen können zur Sprache kommen, sofern sie den Berufsalltag beeinflussen. In manchen Fällen sind die Grenzen zwischen beruflichem und Lebensberater fließend.

- Das Handeln des Ausbilders als Coach ist kongruent. Das heißt: Worte und Verhalten stehen nicht in Widerspruch zueinander, sondern bilden eine Einheit.

- Die Vorgehensweise des Ausbilders als Coach ist für den Auszubildenden transparent und berechenbar.

Hilfe zur Selbsthilfe

Ziel aller Interventionen ist die „Hilfe zur Selbsthilfe", so dass der Auszubildende den Ausbilder als Coach am Ende des gemeinsamen Weges nicht mehr benötigt. Auf eine kurze Formel gebracht heißt coachen, eine „Ich-bin-verantwortlich-Einstellung" zu fördern. Vor diesem Hintergrund werden Sie entdecken, dass sich das Prinzip „Selbstverantwortung" wie ein roter Faden durch die einzelnen Kapitel zieht.

1.3 Was kennzeichnet einen „guten" Coach?

Ausbilder sind fachlich kompetent. Ein Coach braucht mehr. Sinnbildlich formuliert: Otmar Hitzfeld muss keine Tore schießen. Er muss dafür sorgen, dass sie geschossen werden. Dies setzt allerdings eine bestimmte Grundhaltung voraus: Ein „guter" Coach ist ein Königsmacher und kein Zwergenproduzent. Er ist keiner, der das Licht eines Auszubildenden ausblasen muss, um das eigene leuchten zu lassen. Er freut sich über den Erfolg seiner Auszubildenden und sieht darin seinen eigenen Erfolg.

Ein „guter" Coach hält sein Wissen zurück, wenn es darum geht, seine Auszubildenden zum eigenen Denken und Handeln anzustiften, ihre Eigenständigkeit zu verbessern. Er gibt nur dort Anstöße, wo Kompetenz, Erfahrung, Wissen und Können fehlen. Er definiert sich als Methodenspezialist, nicht als inhaltlicher Experte. Gute Coaches zeichnen sich durch ihre Fragen, nicht durch ihre Antworten aus.

Methodenspezialist

Er fördert das konsequente selbstständige Setzen und Erreichen von (Ausbildungs-)Zielen. Dabei bleibt er im Hintergrund. Er erzählt keine Geschichten und erteilt auch keine Ratschläge, wie der Auszubildende in welchen Situationen agieren soll. Vielmehr erkennt der Auszubildende durch die Fragen des Coachs, was zu tun ist. Dadurch fühlt der Auszubildende, dass er den Prozess aktiv gestalten kann und die Verantwortung für sein Handeln trägt.

Als Berater organisiert er Lernsituationen, in denen seine Auszubildenden geschützt und unterstützt Erfahrungen machen können und ermutigt sie, ihre Möglichkeiten auszureizen, mit neuem Verhalten zu experimentieren und sich dafür Feedback zu holen. Feedback dient dazu, den Auszubildenden erkennen zu lassen, welche Wirkungen seine Handlungen auf den anderen haben (s. a. Feedback-Regeln, S. 104).

Berater

Er begleitet sie auf ihrem Weg, ohne ihnen die Verantwortung zu nehmen. Denn er weiß, dass Auszubildende die eigenen Probleme am besten lösen können, wenn sie bereit sind, Verantwortung dafür zu übernehmen und diese ihnen auch zugestanden wird. In jedem Problem steckt die Chance, durch das aktive Auseinandersetzen mit einer Situation ein Stück zu wachsen. Der Coach moderiert den Problemlösungsprozess; er gibt Impulse, reflektiert, korrigiert, ohne Lösungen vorzugeben. Er ist eine Art „Geburtshelfer". Im annehmenden Umgang mit Gefühlen und durch das Klären sozialer Beziehungen wird Energie frei für Innovation und Problemlösung.

Aktives Auseinandersetzen setzt Energien frei

Ein Coach nimmt Dinge aus der „Hubschrauberperspektive" wahr, für die der Auszubildende selbst „blind" ist. Er macht Mut, neue Wege zu beschreiten und sichert gemeinsam mit seinem Auszubildenden die Nachhaltigkeit des

Erfolges. Prozessleitend ist die Zielbestimmung und die Eigenverantwortung des Auszubildenden. Goethe hat es sinngemäß so formuliert: „Dass wir in den Menschen das sehen, was sie sein können" – ein Ansatz für ein respektvolles Coaching. Am Ende steht ein Mehr an (Lebens-)Qualität, erweiterte Potenziale und neue Perspektiven.

Eigennutzen Übrigens, das Ganze hat auch einen hohen Eigennutzen. Stellen Sie sich vor, Sie sind Ihrer Aufgabe in allen Belangen gerecht geworden. Dann können Sie sich freuen, Ihren Auszubildenden später als Kollegen in Ihrer Abteilung zu begrüßen. Und jetzt stellen Sie sich vor, Sie hätten es versäumt, für die menschliche und fachliche Kompetenz zu sorgen. Dann hätten Sie ein großes Problem: einen inkompetenten Kollegen, mit dem es auch menschlich schwierig ist, umzugehen.

Vorteile für alle Sie sehen, Coaching bietet für beide Seiten Vorteile: Der Auszubildende wird befähigt, so zu denken, zu fühlen und zu handeln, dass er das von ihm angestrebte Ziel innerhalb eines vereinbarten Zeitraums erreicht. Ihr Lohn sind unzählige kostbare Augenblicke im Umgang mit jungen Menschen sowie die Gewissheit, auf eine verbesserte Dialogfähigkeit und Kooperation durch kompetente Mitarbeiterinnen und Mitarbeiter im Team vertrauen zu können. Vor diesem Hintergrund ist es auch betriebswirtschaftlich sinnvoll, mit dem Coachen möglichst früh – in der Ausbildung – zu beginnen und sich so kostenintensive Trainings für den späteren Mitarbeiter zu ersparen.

1.4 Was für ein Ausbildertyp bin ich?

Ihre Rolle Wie verstehen Sie aktuell Ihre Rolle? Wollen Sie noch der „Vormacher", der „Erzieher" von gestern sein oder sind Sie der „Berater", der „Wegbegleiter" von heute? Sind Sie gleichberechtigter Partner in einem Prozess, aus dem beide Seiten ihre Erkenntnisse ziehen?

Wollen Sie wissen, wo Sie stehen? Die persönliche Standortbestimmung fällt Ihnen leichter, wenn Sie sich der Frage zuwenden: „Was für ein Ausbildertyp bin ich?"

Versetzen Sie sich jetzt in die folgenden zehn alltäglichen Situationen hinein und kreuzen Sie jeweils die Antwort an, die Sie am ehesten geben würden:

1. Sie bitten den Auszubildenden S., Ihnen eine fachliche Information zu beschaffen.	
A Wie, glauben Sie, könnten Sie an die gewünschte Information herankommen?	
B Lassen Sie uns mal gemeinsam überlegen, wie wir dieses Problem angehen könnten.	
C Wir brauchen die Zahlen für unsere Budgetplanung. Es ist also äußerst wichtig, dass Sie sorgfältig vorgehen. Versuchen Sie bitte, möglichst bis morgen alles zusammen zu bekommen.	
D Dort hinten im Regal finden Sie das Buch xy. Schlagen Sie bitte auf Seite 13 nach. Dort finden Sie eine Abhandlung zu dem Thema. Bitte setzen Sie sich dorthin, lesen Sie sie sorgfältig durch und fassen Sie das Wesentliche auf einer DIN-A4-Seite zusammen. Wir sprechen morgen früh darüber, und ich erkläre es Ihnen dann nochmals in einem größeren Zusammenhang.	
2. Der Auszubildende S. möchte morgen einen freien Tag haben.	
A Wenn Sie Ihre Aufgaben so weit erledigt haben ...	
B Lassen Sie uns mal nachdenken. Was spricht dagegen, was dafür?	
C Morgen ist wegen ... ein ungünstiger Tag. Könnten Sie sich auch einen anderen Tag vorstellen?	
D Morgen geht es auf keinen Fall. Sie wissen ja, dass Frau Meier nicht da ist. Bitte erledigen Sie morgen und übermorgen noch Folgendes und machen dann am Freitag frei.	
3. Der Auszubildende S. kommt wieder verspätet aus der Pause.	
A Bitte sagen Sie mir, welche Lösungsvorschläge Sie für das Problem haben.	

1 Vom Ausbilder zum Coach

B	Wie können wir für die Zukunft sicherstellen, dass Sie pünktlich aus der Pause zurückkommen?
C	Ihr ständiges Zuspätkommen stört den betrieblichen Ablauf. Wenn Sie verspätet mit Ihren Aufgaben beginnen, können die Kollegen nicht weitermachen.
D	Ab morgen sagen Sie mir bitte, wann und wo Sie Pause machen, damit ich Sie notfalls dort finden kann.
4.	**Der Auszubildende S. hat eine Frage zu einem Auftrag, den Sie ihm gegeben haben.**
A	Wie sind Sie bisher an das Thema herangegangen und welchen Informationsstand haben Sie zu diesem Thema?
B	Es ist gut, dass Sie mich fragen. Da können wir gemeinsam die Dinge in die richtige Richtung lenken.
C	Ihre Frage ist ganz richtig. Die Aufgabe wird schließlich später für unsere Investitionsplanung gebraucht. Sie arbeiten also an einer sehr wichtigen Sache mit, und es wäre nicht gut, wenn etwas schief ginge.
D	Bitte rufen Sie gleich um 15.00 Uhr von meinem Apparat Herrn X. an und bitten Sie ihn, Ihnen die Teile herauszusuchen. Falls es da Probleme gibt, kann ich mich gleich einschalten.
5.	**Der Auszubildende S. möchte gern an einem Seminar für Mitarbeiter teilnehmen.**
A	Was ist für Sie der Nutzen, den Sie aus diesem Seminar ziehen werden?
B	Wie können wir so argumentieren, dass Ihnen der Besuch des Seminars ermöglicht wird?
C	Diese Art von Seminaren ist sehr teuer. Ich denke, Sie sollten sich auf die bisher für Sie angebotenen Seminare beschränken, sonst wollen morgen alle anderen auch ein solches Seminar.
D	Füllen Sie bitte diesen Antrag so weit aus und legen ihn mir morgen früh mit zwei Kopien auf den Tisch. Ich trage dann noch die Begründung nach.

Was für ein Ausbildertyp bin ich? 1.4

6. Der Auszubildende S. ist sich nicht sicher, ob er die Prüfung bestehen wird.	
A Was haben Sie denn bis jetzt in Sachen „Prüfungsvorbereitung" getan?	
B Wie können wir denn gemeinsam etwas für Ihre Sicherheit tun?	
C Sie schaffen das schon. Die Berufsschule, unsere Seminare und Ihre Vorbereitung sind doch nicht umsonst gewesen. Da sind bisher die wenigsten durchgefallen, und bei Ihren bisherigen Leistungen kann ich mir das wirklich nicht vorstellen.	
D Also, wenn Sie so große Bedenken haben, dann werden Sie ab morgen jeweils zwischen 8.00 Uhr und 12.00 Uhr zum Lernen freigestellt. Ich kontrolliere nach dem Mittagessen, wo noch Schwächen sind, und gebe Ihnen noch eine Aufgabe für den Abend, die wir am nächsten Morgen vor Ihrer Prüfungsvorbereitung besprechen.	
7. Der Auszubildende S. hat Ihnen eine perfekt erledigte Arbeit auf den Schreibtisch gelegt.	
A Ich freue mich sehr darüber, dass Sie praktisch ohne Hilfe ein solch tolles Ergebnis erzielt haben.	
B Super, das haben wir aber gut hinbekommen.	
C Sehr schön – das war doch angesichts des großen Aufwandes im Vorfeld gar nicht anders zu erwarten.	
D Sehen Sie – gut geplant ist halb gemacht. Sie dürfen auch bei der nächsten Aufgabe gern auf meine Erfahrungen zurückgreifen.	
8. Der Auszubildende S. traut sich nicht, den Lagerleiter anzurufen, um eine Information zu bekommen.	
A Was unterscheidet den Lagerleiter aus Ihrer Sicht von Personen, bei denen Sie kein Problem hätten, anzurufen?	
B Was kann ich dafür tun, dass Sie Ihre Scheu verlieren?	
C Jeder von uns kommt mal in eine solche Lage. Da müssen Sie einfach Ihren „inneren Schweinehund" überwinden.	
D Kommen Sie um 10.00 Uhr in mein Büro. Dann rufen Sie den Lagerleiter von meinem Apparat aus an, damit ich Ihnen jederzeit helfen kann, wenn Sie ins Stocken geraten.	

	9.	Der Auszubildende S. surft seit Anfang der Woche ununterbrochen im Internet.
A		Was haben Sie denn seit Anfang der Woche in unserer Abteilung gelernt?
B		Wie können wir die Ausbildung für Sie so interessant gestalten, dass Sie nicht immer ins „Internet" flüchten müssen?
C		Wenn sie das so weitermachen, werden Sie nicht sehr viel an Neuem in unserer Abteilung lernen.
D		Bitte stellen Sie das Surfen im Internet ab und melden Sie sich zukünftig nur nach vorheriger Absprache mit mir dort an.
	10.	Auf Ihre Bitte, noch schnell die Statistik X zu erstellen, sagt Ihnen der Auszubildende S., dass er einen Termin im Freibad habe.
A		Sie könnten damit Ihre Aufgabe zu einem guten Abschluss bringen. Ich bin sicher, dass Sie das so schnell hinbekommen, dass trotzdem noch Zeit zum Schwimmen bleibt.
B		Na gut, dann machen Sie die ersten Spalten. Den Rest erledige ich.
C		Ich muss die Statistik aber heute noch abliefern. Sonst kriegen wir den Auftrag nicht.
D		Sie gehen erst, wenn Sie die Statistik fertig haben. Dann ist immer noch genug Zeit zum Schwimmen.

Die vier Ausbilder-Grundtypen

In der Praxis lassen sich erfahrungsgemäß vier Grundtypen ausmachen:

A Als **unterweisender** Ausbilder sagen Sie Ihrem Auszubildenden, was, wie, wann und wo er etwas zu tun hat.

B Als **verkaufender** Ausbilder versuchen Sie über die Kommunikation, Ihre Auszubildenden von der gestellten Aufgabe zu überzeugen, indem Sie Argumente anbieten.

C Als **partizipierender** Ausbilder entscheiden Sie mit Ihrem Auszubildenden gemeinsam.

D Als **delegierender** Ausbilder überlassen Sie die gestellten Aufgaben ganz Ihrem Auszubildenden und beschränken sich lediglich auf gelegentliche Kontrollen.

Bitte bedenken Sie beim Analysieren, dass die Buchstaben in den Fallbeispielen folgende Bedeutung haben:

Auswertung

Antwort A	=	delegierender Ausbilder
Antwort B	=	partizipierender Ausbilder
Antwort C	=	verkaufender Ausbilder
Antwort D	=	unterweisender Ausbilder

Welchen Buchstaben haben Sie mehrheitlich angekreuzt und welche Tendenz erkennen Sie? Unterm Strich gesehen, geht es nicht darum, das eine oder andere Verhalten auszugrenzen oder zu favorisieren, sondern alle Verhaltensweisen zu integrieren und gezielt einzusetzen.

Müssen Sie Ihre Kompetenz erweitern?

Wenn Sie primär dazu tendieren zu delegieren, denken Sie darüber nach, mehr unterweisende Elemente in Ihr Ausbilderverhalten zu integrieren/aufzunehmen. Oder vielleicht liegen die Dinge bei Ihnen genau umgekehrt oder in der Mitte. Erliegen Sie nicht der Versuchung, stereotyp irgendwelche „Patentlösungen" anwenden zu wollen. Lassen Sie die vier Grundrichtungen auf sich wirken und versuchen Sie, situativ in das richtige Fach Ihres „Werkzeugkastens" zu greifen.

Situatives Vorgehen

Nicht der eine oder andere Stil ist (w)richtig, sondern alle vier. Wo aber liegt beim Coachen der jeweilige Ansatzpunkt? Um diese Frage zu beantworten, kann ein Modell helfen, das von den amerikanischen Autoren Hersey und Blanchard stammt. Deren Antwort lautet: „Es kommt auf den ‚Reifegrad' an." Der wird einerseits von den Fähigkeiten Ihres Auszubildenden, andererseits von seinem Engagement bestimmt. Unter Fähigkeit verstehen die Autoren Hersey und Blanchard

1 Vom Ausbilder zum Coach

Reifegrad des Azubis

berufliche Fertigkeiten, Wissen und Erfahrung. Engagement ist das Vertrauen in die eigenen Fähigkeiten sowie die gezeigte Verantwortung beim Erledigen der Arbeit.

Der zu wählende Coaching-Stil richtet sich also danach, wie es um diese beiden Komponenten beim jeweils zu coachenden Auszubildenden bestellt ist. Der bewährte Evergreen lautet: Holen Sie den Auszubildenden dort ab, wo er steht.

In Anlehnung an das Konzept von Hersey und Blanchard erfahren Sie, welche Typen von „Reifegraden" es gibt und wie Sie professionell damit umgehen.

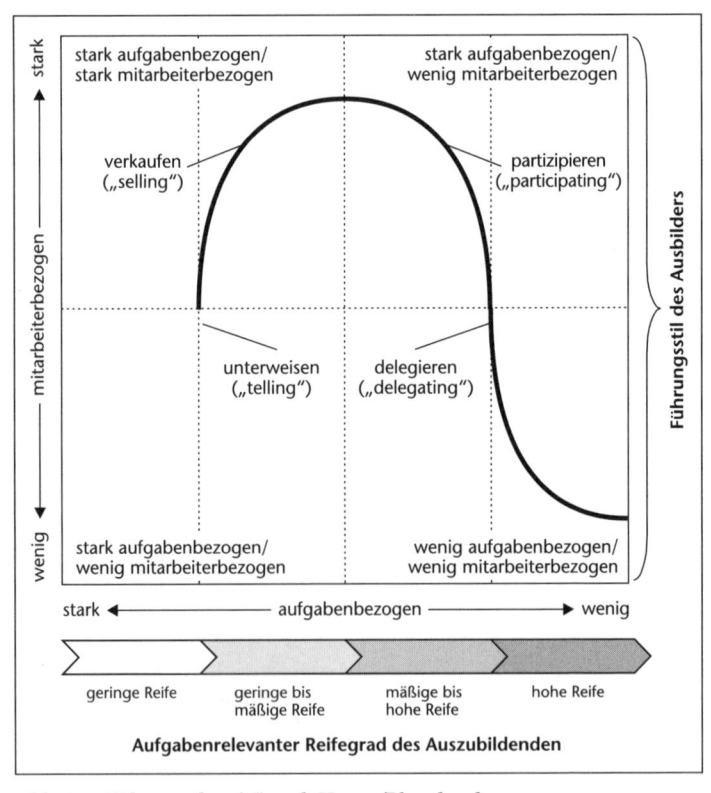

Abb. 1: „Führungstheorie" nach Hersey/Blanchard

Was für ein Ausbildertyp bin ich? 1.4

Was sind die wesentlichen Kennzeichen der verschiedenen Reifegrade? **Kennzeichen**

R 1 ▶ Der Auszubildende kann die gestellte Aufgabe sowohl von der Motivation her als auch fachlich noch nicht bewältigen.

R 2 ▶ Der Auszubildende ist zwar hochgradig motiviert, aber seine Fachkenntnisse reichen zum Erfüllen der Aufgabe noch nicht aus.

R 3 ▶ Der Auszubildende hat zwar ausreichende Fachkenntnisse, um die gestellte Aufgabe zu lösen, ist aber noch sehr unsicher und entsprechend gering motiviert.

R 4 ▶ Der Auszubildende ist hoch motiviert und auch fachlich in der Lage, die gestellte Aufgabe zu lösen.

Damit Sie Ihren Auszubildenden sicher einem der vorgestellten Reifegrade zuordnen können, sind einige Fragen sehr hilfreich. Was die **Fachkompetenz** betrifft, könnten dies etwa folgende Fragen sein:

▶ Ist mein Auszubildender in der Lage, selbstständig zu arbeiten?

▶ Ist mein Auszubildender in der Lage, Entscheidungen zu treffen?

▶ Verfügt mein Auszubildender über eine ausreichende Problemlösefähigkeit?

▶ Wie ist das Rollenverständnis meines Auszubildenden?

▶ Gibt es einen eher großen oder eher kleinen Unterschied zwischen den Fähigkeiten und Fertigkeiten meines Auszubildenden und dem Idealprofil dieses Ausbildungsplatzes?

▶ Ist mein Auszubildender in der Lage, sich im Konfliktfall unter Berücksichtigung anderer Interessen sozialverträglich zu verhalten?

1 Vom Ausbilder zum Coach

Fragen, die Ihnen helfen, Aufschluss über den Reifegrad Ihres Auszubildenden in Hinblick auf **Motivation und Engagement** zu bekommen, könnten etwa sein:

- ▶ Was spornt meinen Auszubildenden an? Welche Motive hat er?
- ▶ Zeigt mein Auszubildender Bereitschaft, sich mit Neuem auseinander zu setzen?
- ▶ Wird mein Auszubildender entsprechend seiner Belastbarkeit beansprucht?
- ▶ Inwieweit ist mein Auszubildender zur Leistung bereit?

Die Lösung Aus den unterschiedlichen Ausprägungen von Engagement und Fähigkeiten des Auszubildenden ergibt sich das bereits gezeigte Schaubild mit seinen vier Feldern. Interessanterweise lässt sich jedem der vier Felder eine Vorgehensweise zuordnen, die sich empfiehlt: **Unterweisen, Verkaufen, Partizipieren, Delegieren.**

Unabhängig vom praktizierten Stil – Sie bereiten junge Menschen bestmöglich auf das vor, was später im Berufsleben von ihnen erwartet wird. Und das ist vor allem die Fähigkeit, sich Wissen sowie Verhaltensweisen selbst gesteuert, schnell und effektiv anzueignen. Sie sind also Berater, Wegbegleiter, mit einem Wort – **Coach** – in einem gemeinsamen Lernprozess. Haben Sie keine Scheu vor diesem Wort. Richtig verstanden trifft es genau den Kern der Sache.

Übrigens sind Sie als Coach eine gefragte Person: Telekom-Chef Ron Sommer bedient sich eines Helfers im Hintergrund, und auch der mächtigste Mann des Landes, Bundeskanzler Gerhard Schröder, lässt sich von einem Profi für den Alltag coachen.

Soweit die Idealvorstellung. Entdecken Sie in den folgenden Kapiteln, wie Sie peu à peu dem Ziel näher kommen.

2 Fachwissen anschaulich vermitteln – aber wie?

Unabhängig, wie Sie im vorherigen Kapitel Ihre Rolle als Ausbilder definiert haben: Nach wie vor gehören das Weitergeben von Informationen und das Vermitteln von berufstypischen Fertigkeiten und Kenntnissen zu den wesentlichen Aufgaben eines Ausbilders.

2.1 Der Ausbildungsprozess

Ein Qualifizierungsprozess besteht aus drei wesentlichen Phasen: aus einer Planungs-, Durchführungs- und Auswertungsphase.

Der Erfolg eines Ausbildungsprozesses hängt ganz entscheidend von der Planungsphase ab, denn an keiner anderen Stelle können Sie so stark Einfluss auf das Gelingen nehmen. Planen und Informationen vermitteln gehören zusammen wie siamesische Zwillinge. Deshalb lautet der Leitsatz: „Gut geplant ist halb qualifiziert!"

Gut geplant ist halb qualifiziert

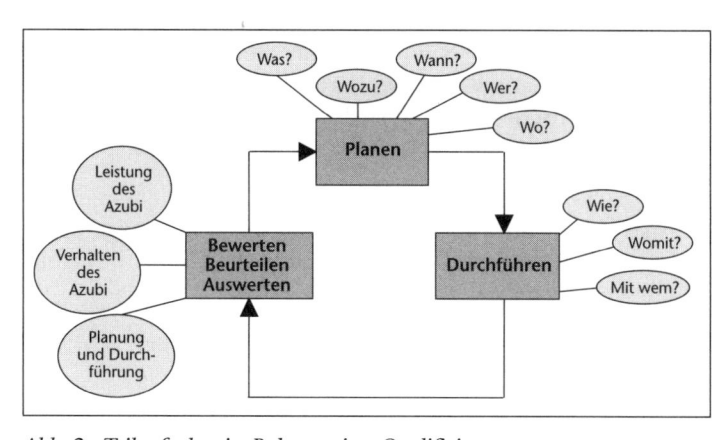

Abb. 2: Teilaufgaben im Rahmen eines Qualifizierungsprozesses

31

2 Fachwissen anschaulich vermitteln – aber wie?

Lernziele ermöglichen ökonomisches Handeln

Je präziser Sie im Vorfeld am Aufstellen von (Lern-)Zielen feilen, desto eindeutiger wird Ihr Know-how-Transfer. Ziele, die Sie kommunizieren können, wirken wie Magnete: Sie ziehen ein systematisches Handeln nach sich, wie ein Licht bei Nacht die Motten anzieht. Die Zeit, die Sie in diesen Prozess investieren, amortisiert sich in der zweiten Phase durch ein ökonomisches Handeln und durch ein transparentes Prüfverfahren für alle Beteiligten, das abschließend in der dritten Stufe des Qualifizierungsprozesses erfolgt.

Ohne exakt zu wissen, welche (Lern-)Ziele Ihr Auszubildender erreichen soll, können Sie weder den Prozess kontrollieren und gegebenenfalls Abweichungen erkennen, noch Steuerungsaufgaben wahrnehmen. Treffend beschreibt die Situation folgende Anekdote:

> Auf einem Bahnhof stehen verärgert wartende Fahrgäste. Ein Reisender zum Schaffner: „Ihre Fahrpläne können Sie sich sparen, die Züge verspäten sich ja doch immer!" Darauf der Beamte zum Fahrgast: „Sehen Sie, wenn wir diese Pläne nicht hätten, könnten Sie überhaupt nicht feststellen, dass Ihr Zug eine Verspätung hat!"

Bitte denken Sie daran:

Qualifizieren, ohne zu planen, ist wie Bungeejumping ohne Gummiseil.

Lesen Sie deshalb im ersten Abschnitt dieses Kapitels, wie Sie Ihr Praxis-Know-how zielorientiert aufbereiten können. Entdecken Sie anschließend, was die Weitergabe von Informationen begünstigt. Zu dieser Frage erhalten Sie drei Antworten, und zwar:

1. Instruieren Sie den Auszubildenden positionsgerecht, indem Sie die räumlichen Gegebenheiten in Ihre Ausbildungsstrategie integrieren.

2. Unterweisen Sie den Auszubildenden lerntypgerecht, indem Sie ihn als „Kunden" betrachten.

3. Bilden Sie den Auszubildenden „gehirngerecht" aus, indem Sie das gesamte Gehirnpotenzial stimulieren.

Bei diesen Strategien handelt es sich um methodenübergreifende Vorgehensweisen, die Sie generell – unabhängig vom Gesprächsanlass – im Rahmen der Aus- und Weiterbildung sowie im (Berufs-)Alltag nutzen können. Mit diesem „Dreigespann im Tornister" sind Sie in der Lage, den Großteil Ihrer Kommunikationsprozesse zu meistern.

Methodenübergreifend

2.2 Gut geplant ist halb qualifiziert

Über das Allroundgenie Leonardo da Vinci, der ein ungeheures bildliches Vorstellungsvermögen besaß, wird Folgendes berichtet: Einmal erhielt er von dem Abt eines Klosters den Auftrag, das „Abendmahl" zu zeichnen – heute eines der berühmtesten Gemälde. Als er nach einer Woche noch keinen Pinselstrich getan hatte und vor dem leeren Blatt saß, wollte ihm der entsetzte Abt den Auftrag entziehen. Da malte der Künstler in wenigen Stunden das Bild, das er in seiner Fantasie längst vollendet vor sich gesehen hatte.

Leonardo da Vinci

Schon am Anfang das Ende sehen

Was hat diese Episode aus dem Leben von Leonardo da Vinci mit der Berufsausbildung zu tun? Qualifizieren ist zielgerichtetes Handeln: Sowohl der Ausbilder als auch der Auszubildende sollten ein klares Lernziel vor Augen haben. Deshalb ist es im Hinblick auf den Planungsprozess einer Ausbildungseinheit empfehlenswert, sich so zu verhalten wie einst Leonardo da Vinci. Bevor Sie einen „Handschlag" tun, sollten Sie von Anfang an genau wissen, wozu Sie den Auszubildenden befähigen wollen. Dann können Sie Ihre Kräfte ökonomisch in die anvisierte Richtung einsetzen.

Qualifizieren ist zielgerichtetes Handeln

Konsequenterweise lauten die Fragen: Was sind Lernziele und wie werden sie aufgestellt?

Lernziele sind die Verkehrszeichen der Ausbildung

Lernziele enthalten Soll-Vorstellungen; sie beschreiben das gewünschte Verhalten, das ein Auszubildender am Ende einer Ausbildungseinheit zeigen soll. „Verhalten", so eine Definition, sind beobachtbare Äußerungen einer Person, also

Lernzieldefinition

das, was beispielsweise ein Auszubildender nach einem Unterweisungsprozess spricht, schreibt oder tut.

Ein Beispiel: „Der Auszubildende Meier soll den Nettolohn *berechnen* (= Verhalten) können." Wenn Sie mit dieser Vorstellung einen Ausbildungsprozess starten, liegt es nahe, dass der Auszubildende am Ende tatsächlich den Nettolohn berechnet.

Bedingungen

Dieses Verhalten nach Abschluss des Lernens besagt nichts über die Bedingungen, unter denen dies erfolgen soll. „Der Auszubildende Meier soll mit *Hilfe der Sozialversicherungs- und Lohnsteuertabelle* den Nettolohn berechnen können." Zugestandene Lernzeit, erlaubte oder verbotene Hilfsmittel und/ oder mögliche Zusammenarbeit mit anderen sind weitere Bedingungen, unter denen ein Auszubildender ein bestimmtes Verhalten zeigen kann.

Beurteilungsmaßstab

Der dritte Punkt beim Aufstellen von Lernzielen ist das Festhalten des Beurteilungsmaßstabes. Damit beantworten Sie die Frage: Wann ist das Lernziel erreicht? „Der Auszubildende Meier soll mit Hilfe der Sozialversicherungs- und Lohnsteuertabelle den Nettolohn *unter Beachtung aller Lohnbestimmungsfaktoren* berechnen können." Ein anderer Bewertungsmaßstab wäre beispielsweise, dass der Auszubildende nur zwei von vier Lohnbestimmungsfaktoren berechnen können muss.

Vorteile von überprüfbaren Lernzielen

Dieses Beispiel lässt kaum Handlungsspielraum zu und ist durch Eindeutigkeit und leichte Kontrollierbarkeit gekennzeichnet. Das überprüfbare Formulieren von Lernzielen hat den Vorteil, dass Sie anschließend feststellen können,

▶ ob der Ausbildungsprozess früher als geplant eingestellt werden kann, weil der Auszubildende bereits die neuen Fähigkeiten beherrscht oder

▶ ob der Ausbildungsprozess verlängert beziehungsweise unter Umständen sogar wiederholt werden muss, weil der Auszubildende offensichtlich Schwierigkeiten hat, die Anforderungen zu erfüllen.

Nur ein Soll-Ist-Vergleich bietet Ihnen die Chance, den Erfolg eines Ausbildungsprozesses zu erkennen und sicherzustellen. Im Hinblick auf die spätere Beurteilung ist dies ein unschätzbarer Vorteil. Denn spätestens in dieser Phase müssen Sie „Farbe" bekennen und entscheiden, ob Ihr Auszubildender die Lernziele in Ihrer Abteilung ganz, teilweise oder gar nicht erreicht hat. Die Grundlage für diesen sehr verantwortungsvollen Entscheidungsprozess bilden die von Ihnen in der Planungsphase aufgestellten Lernziele.

Grundlage für die Beurteilung

Zusammenfassend besteht ein Lernziel aus drei Elementen:

Zusammenfassung

1. **Präziser Ausbildungsinhalt plus Aussage über das Endverhalten:** Wie soll sich der Auszubildende am Ende der Ausbildungseinheit verhalten? Was muss der Auszubildende wissen, können und/oder einsehen?

2. **Aussage über Bedingungen:** Unter welchen Bedingungen soll das neue Verhalten gezeigt werden? Welche „Unterlagen" darf der Auszubildende benutzen, welche nicht?

3. **Aussage über Beurteilungsmaßstab:** Wie wird das Ergebnis der Ausbildungseinheit gemessen oder überprüft? Wie lauten die Beurteilungskriterien?

Strategie auf Schlüsselqualifikationen übertragbar?

Diese Vorgehensweise in Verbindung mit fachlichen Kenntnissen und Fertigkeiten erscheint den meisten Teilnehmern in Seminaren für Ausbilder und Ausbildungsbeauftragte plausibel. Eine der häufigsten Fragen in diesem Zusammen-

2 Fachwissen anschaulich vermitteln – aber wie?

Lernziele bei Schlüsselqualifikationen

hang lautet: Wie geht man im Bereich der „Schlüsselqualifikationen" vor?

Fachübergreifende Fähigkeiten wie Kommunikations- und Kooperationsfähigkeit oder selbstständiges Arbeiten lassen sich ebenfalls mit dieser Strategie „aufschlüsseln". Entscheidend ist, dass Sie sich von Anfang im Klaren darüber sind, was Sie unter den einzelnen Schlüsselqualifikationen verstehen. Was muss der Auszubildende konkret tun, damit Sie ihn beispielsweise als „teamfähig" erleben?

Ein Beispiel: Eine vielfach vorzufindende Schlüsselqualifikation in den firmeninternen Beurteilungsbögen ist die „Kommunikationsfähigkeit". Wie können Sie diese Fähigkeit in überprüfbare Lernziele zerlegen? Zum Beispiel: „Der Auszubildende soll wichtige Informationen, die er telefonisch angenommen hat, an Vorgesetzte, Kollegen und/oder Kunden weiterleiten." Wenn Sie im Verlauf der Ausbildung feststellen, dass Ihr Auszubildender bereits zum 15. Mal wichtige Informationen (nicht) weitergegeben hat, können Sie dies als Indiz für seine Kommunikationsfähigkeit und/oder -bereitschaft werten. Vorausgesetzt, dass Sie dem Auszubildenden bereits zu Beginn der Ausbildungsphase Ihre Vorstellungen von den einzelnen Schlüsselqualifikationen erläutert haben. Nur dann hat er eine Chance, sich an Ihren Erwartungen zu orientieren oder diese bewusst abzulehnen und die daraus resultierenden Konsequenzen in Kauf zu nehmen.

In der Kürze liegt die Würze

Prinzip des Abspeckens

Zeit und Kostendenken zwingen dazu, bei der Auswahl von Informationen zwischen Spreu und Weizen zu trennen, das „Abspeckungsprinzip" anzuwenden. Da außerdem die Fähigkeit der Menschen, viele Einzelheiten auf einmal zu behalten, begrenzt ist, müssen Sie als Ausbildungsbeauftragter die zu vermittelnden Informationen auf ein verdaubares Maß reduzieren.

Frei nach Gebrüder Grimm lautet die Devise: „Die wichtigsten Informationen ins Köpfchen, die anderen ins Töpfchen." Logischerweise stellt sich die Frage: Welche Informationen sind wichtig, welche sind unwichtig?

Dazu ein Beispiel aus dem Bereich der Rechtsanwalts- und Notargehilfin:

„Der Führer des Kraftfahrzeuges war infolge des Genusses alkoholischer Getränke nicht mehr in der Lage, sein Fahrzeug sicher zu führen, was darin zum Ausdruck kam, dass er eine fremde Sache von bedeutendem Wert, konkret eine Laterne, gefährdete, hier sogar beschädigte."

Nachdem der Ausbildungsbeauftragte den Inhalt auf den Kerngedanken reduziert hat, klingt die Botschaft so:

„Der Autofahrer war stockbesoffen und fuhr deshalb gegen eine Laterne."

Bei der Auswahl von Inhalten ist größte Sparsamkeit geboten. Orientieren Sie sich an den Lernzielen und Voraussetzungen des jeweiligen Auszubildenden. Unterscheiden Sie auch zwischen Kern- und Zusatzwissen. Stellen Sie sich die Frage: Welche Informationen benötigt der Auszubildende, um beispielsweise den Nettolohn berechnen zu können? Welche muss er unbedingt wissen, welche sind momentan überflüssig wie ein Blinddarm? Einer der häufigsten Qualifizierungsfehler: Ausbilder reden zu viel. Um ein Zeitgefühl für die geplante Ausbildungseinheit zu entwickeln, fragen Sie sich auch: Wie lange habe ich selbst gebraucht, um mich in das Thema einzuarbeiten?

Wenn Sie als Ausbildungsbeauftragter zunächst nur das Nötigste vermitteln, halten Sie die Belastung des Auszubildenden in engen Grenzen. Die anderen Informationen können Sie bei passender Gelegenheit immer noch mitteilen.

Bitte denken Sie daran:

Ein Gramm Information bewirkt mehr als 1.000 Tonnen Lernstoff. Werden Sie zum Lotsen im Wirrwarr der Informationen.

2.3 Die „Stuhl-Gang-Methode": Wie Sie positionsgerecht instruieren

Haben Sie sich Klarheit darüber verschafft, welche Ziele Sie mit Ihren Ausbildungsprozessen ansteuern wollen? Dann erfolgt analog zum Ausbildungskreislauf (s. Abb. 2) Phase zwei: die Weitergabe Ihres Praxis-Know-how.

„Ziel ist der ideale Mitarbeiter am richtigen Platz zur richtigen Zeit." Dieser bewährte Leitsatz aus dem Bereich der Personalplanung gilt auch für die Weitergabe von Informationen. Aber wo sollte wann welche Information vermittelt werden? Lesen Sie in diesem Abschnitt, wie Sie unter Einbeziehung Ihrer räumlichen Gegebenheiten Ihre Auszubildenden positionsgerecht instruieren.

Angenommen, Sie beabsichtigen, Ihren Auszubildenden Meier am kommenden Donnerstag in die hohe Kunst der Kalkulation und Preisermittlung einzuweihen. Es ist so weit: Herr Meier kommt zu Ihnen an den Arbeitsplatz, setzt sich und verfällt automatisch in eine entspannte, erwartungsvolle und aufmerksame Lernhaltung. Ist das eine interessante Vorstellung für Sie? Möchten Sie gerne erfahren, wie ein Auszubildender allein durch einen Stuhlwechsel in eine derartige Lern- bzw. Arbeitshaltung „verfällt"? Es ist ganz einfach, und zwar mit Hilfe der Kreativitätsstrategie von Walt Disney. Konsequenterweise lautet die Frage: Wie funktioniert die Kreativitätsstrategie von Walt Disney? Und: Wie lässt sich diese übergreifende Arbeitsweise nutzbringend auf den betrieblichen Qualifizierungsalltag übertragen?

Eine Übung zum Einstimmen

Füllen Sie bitte zunächst die Tabelle auf der folgenden Seite aus und beantworten Sie dabei folgende Fragen: Welche Assoziationen verbinden Sie beim Betrachten der Liste mit den einzelnen Fächern? Welche sind für Sie positiv, negativ oder neutral besetzt? Entscheiden Sie sich möglichst spontan bei der Bewertung der einzelnen Fachgebiete/-bereiche. Durch diese Übung können Sie an sich selbst erfahren, wie das Prinzip „Lernen durch Verknüpfung" funktioniert.

Die „Stuhl-Gang-Methode" 2.3

(Fach-)Gebiet/Bereich	Positiv	Neutral	Negativ
Mathematik			
Musik			
Religion			
Physik			
Chemie			
Biologie			
Deutsch			
Sport			
Fremdsprachen			
Kunst			
Technisches Werken			
Sozial-/Gemeinschaftskunde			
Bestimmen von Stoffkonstanten			
Datenverarbeitung u. PC-Handling			
Rechnungswesen			
Branchen- u. Warenkunde			
Personalwesen u. Arbeitsrecht			
Qualitätssicherung			
Verkauf und Kundenberatung			
Tagespolitik			
Lindenstraße			
Ballermann 6			
Big Brother (Real-Life-Show)			
Volksmusik			
Schwiegermutter			
Diäten			
Rauchen			
Alkohol			
Talk-Shows			

Übung „Lernen durch Verknüpfung"

Sie haben die anfangs gestellte Aufgabe durchgeführt? Gut, wir kommen später zur Auswertung darauf zurück.

Das Erfolgsgeheimnis von Walt Disney

Drei Arten des Denkens — Zeichentrickfilme wie Bambi, Das Dschungelbuch und Schneewittchen erinnern uns alle Jahre wieder an Walt Disney. Sein Werk bereitet immer noch zahllosen Menschen auf der ganzen Welt Vergnügen. Walt Disney hatte eine wunderbare Fantasie, er war ein sehr kreativer und erfolgreicher Mann. Auf dem Weg zum Erfolg hatte Walt Disney erkannt, dass für die Produktion eines Films drei wesentliche Arten des Denkens benötigt werden: das Träumen, das Realisieren und das Kritisieren. Des Weiteren hatte Disney bei verschiedenen Meetings bemerkt, dass seine Mitarbeiter diese drei Arten des Denkens oftmals nicht auseinander hielten. So stellte er fest, dass unmittelbares Kritisieren einer Idee das Produzieren weiterer Ideen hemmte.

Trennung der Prozessschritte — Vor diesem Hintergrund entschloss sich Disney, die drei Prozessschritte klar voneinander zu trennen, indem jeder Prozessschritt genügend Raum und Zeit bekam. Dazu kreierte er drei unterschiedliche Räume (s. Abb. 3):

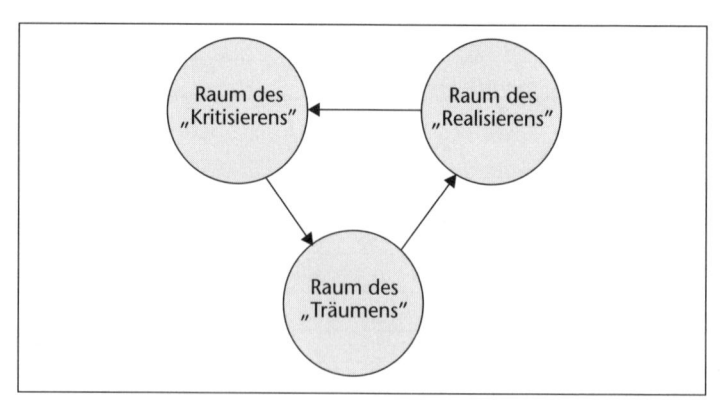

Abb. 3: Disneys Kreativitätsstrategie

Im Raum des „Träumens" war „Narrenfreiheit" angesagt. Hier waren die Mitarbeiter angehalten, zuerst einen Traum oder eine Vision des gesamten Films zu entwickeln, ohne über dessen Realisierbarkeit nachzudenken. Erst danach ging es für die Mitarbeiter im Raum des „Realisierens" darum, alle nötigen Informationen zu sammeln, um sicherzustellen, dass der Traum verwirklicht werden konnte. Anschließend wurden die Mitarbeiter im Raum des „Kritisierens" aufgefordert, aus der Perspektive eines kritischen Zuschauers den fiktiven Film zu betrachten. „Wenn diese drei Arten des Denkens räumlich klar voneinander getrennt sind, kann jede von ihnen ohne Störung das leisten, was sie am besten kann" (O'CONNOR/SEYMOUR 1997, S. 293). So ist Disneys Kreativitätsstrategie als Kreisprozess angelegt, der so lange weiterläuft, bis alle drei Denkinstanzen zufrieden sind. Das Risiko, gute Ideen vorschnell abzuschließen, wird durch das klare Trennen dieser Denkzustände abgefangen. Das leuchtet ein und wirft sogleich die Frage auf: Was hat die Disney-Kreativitätsstrategie mit der beruflichen Erstausbildung zu tun?

Walt Disney in der Berufsausbildung

Das Kernprinzip der Disney-Strategie ist das räumliche Trennen von Ideenproduktion, Konzeptentwicklung und Bewertung. Durch das Betreten der einzelnen Räume wird eine gewünschte Art des Denkens auf Grund der Erfahrungen, die mit diesem Raum in der Vergangenheit mehrfach gekoppelt worden sind, automatisch aktiviert. Dieses Prinzip lässt sich ohne weiteres auf berufliche Ausbildungsvorgänge übertragen. Da es sich in der beruflichen Erstausbildung primär um Lernprozesse handelt, ersetzen wir die Funktion „Träumen" durch „Lernen", „Realisieren" durch „Arbeiten" und „Kritisieren" durch „Pausieren".

Lernen,
Arbeiten,
Pausieren

So wenden Sie die Disney-Strategie an!

Definieren Sie drei Plätze in Ihrem Ausbildungsbereich, an denen Sie konsequent jeweils nur eine bestimmte Tätigkeit verrichten beziehungsweise durch den Auszubildenden ausführen lassen. Zum Beispiel: Wenn der Auszubildende Meier zu Ihnen an den Arbeitsplatz kommt, dann benutzen Sie diesen Ort ausschließlich, um Lernprozesse zu initiieren. Hier vermitteln Sie step-by-step alle Informationen, die der Auszubildende Meier benötigt, um beispielsweise Preise kalku-

2 Fachwissen anschaulich vermitteln – aber wie?

lieren und ermitteln zu können. Nachdem Herr Meier Ihnen signalisiert hat, dass er den Sachverhalt verstanden hat, kehrt er an seinen Arbeitsplatz zurück. Hier erfolgt ausnahmslos das Umsetzen und Anwenden des Gelernten auf typische Arbeitsaufgaben. Beabsichtigen Sie, mit Meier einen Smalltalk zu führen, so suchen Sie hierzu einen weiteren Platz auf, den Sie „Pausieren" bezeichnen. Dieser Platz/Ort dient zum Erholen, Entspannen, Klönen und Essen, so wie es in dem Begriff „Pausieren" auch zum Ausdruck kommt.

Somit gibt es drei funktionalisierte „Aufenthaltsorte" während des Ausbildens (s. Abb. 4).

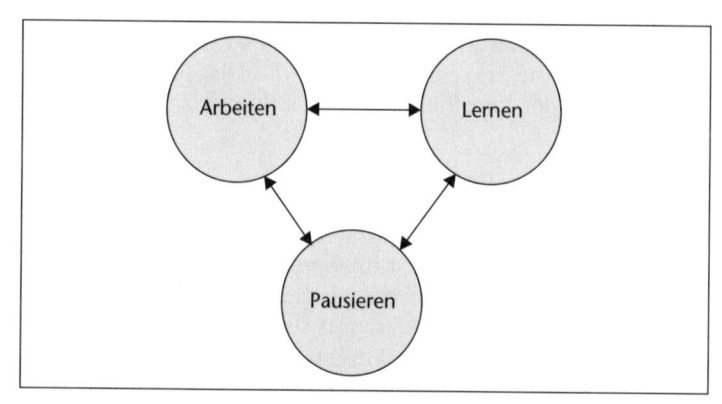

Abb. 4: Abgewandelte Kreativitätsstrategie nach Disney in der Berufsbildung (= Grundmodell)

Vorteile Was erreichen Sie durch diese Art von Ritualisierung? Durch das konsequente Anwenden dieser Strategie ermöglichen Sie dem Auszubildenden, verschiedene Funktionen klar voneinander zu trennen. Dadurch können sich mit der Zeit lernfördernde Verhaltensweisen verselbstständigen, die dann gewohnheitsmäßig an den konkreten Arbeitsplätzen ausgelöst werden. Nicht umsonst sagt der Volksmund: „Dienst ist Dienst. Und Schnaps ist Schnaps!" Beides ist wichtig, aber alles zu seiner Zeit am richtigen Ort. Wenn keine klare Trennung zwischen den einzelnen Aufgaben besteht, kommt es zu einer unliebsamen Vermischung. Der Auszubildende, der an seinem Schreibtisch sitzt und isst und mit Kunden telefoniert, handelt weder kundenorientiert noch energieaufbauend. Also doppelt verschenkte Zeit.

Lernen durch Verknüpfung

Durch das Verknüpfen bestimmter Tätigkeiten (Lernen, Arbeiten und Pausieren) mit entsprechenden Raum-Positionen im Ausbildungsbereich tragen Sie zum Auflösen solcher Verstrickungen bei oder lassen solche erst gar nicht entstehen. Diese Vorgehensweise wird in der Fachliteratur als „Lernen durch Verknüpfung" oder „Verankerung" bezeichnet. Sie basiert auf der von Pawlow entwickelten klassischen Konditionierung.

Konditionierung

Kennen Sie Pawlows berühmtes Hunde-Glocken-Beispiel? Er brachte einem Hund bei, auf einen Glockenton mit Speichelfluss zu reagieren. Beim Konditionieren wird ein zunächst neutraler Reiz (z.B. rote Ampel) mit einer Reaktion (z.B. Bremsen) verankert (s. Abb. 5). Diese Verankerung kann sowohl bewusst als auch unbewusst erfolgen. Zum Beispiel ist der Sonntagabend um 18.40 Uhr für durchschnittlich neun Millionen Deutsche ein Signal, die „Lindenstraße" einzuschalten. Die Stammkneipe an der Ecke ist ein Anker für gesellige Entspannung, die Weihnachtsmusik löst Besinnlichkeit aus oder entpuppt sich als Stressor. Das frühzeitige Erspähen des Ausbilders kann zu der „Aus-dem-Weg-gehen"-Reaktion führen, und der Montagmorgen aktiviert bei einigen das „Robinson-Crusoe-Syndrom": Sie warten auf Freitag.

Greifen Sie bitte in diesem Zusammenhang auf das Ergebnis der eingangs gestellten Aufgabe zurück. Sie haben sich spontan entschieden, einige Bereiche positiv, negativ oder neutral einzuordnen. Ihre persönliche Einstellung zu den einzelnen Fachgebieten, die auf der Liste aufgeführt sind, basieren weitgehend auf Konditionierungsprozessen. Diese Reiz-Reaktions-Muster haben sich in der Vergangenheit entweder durch ein einmaliges gravierendes Ereignis gebildet oder sind durch regelmäßige Wiederholungsvorgänge in Fleisch und Blut übergegangen. Sie sind zur Gewohnheit geworden.

Einstellungen und Gewohnheiten

Sind Sie in diesem Zusammenhang daran interessiert, etwas über sich zu erfahren? Dann überprüfen Sie, wie Sie zu Ihrer Einschätzung gekommen sind. Fragen Sie sich, warum Sie beispielsweise mit „Mathematik" positive, neutrale oder negative Assoziationen verknüpfen. Was ist der Auslöser für Ihre Einstellung? Dieser kann unter Umständen weit in der Vergangenheit liegen.

2 Fachwissen anschaulich vermitteln – aber wie?

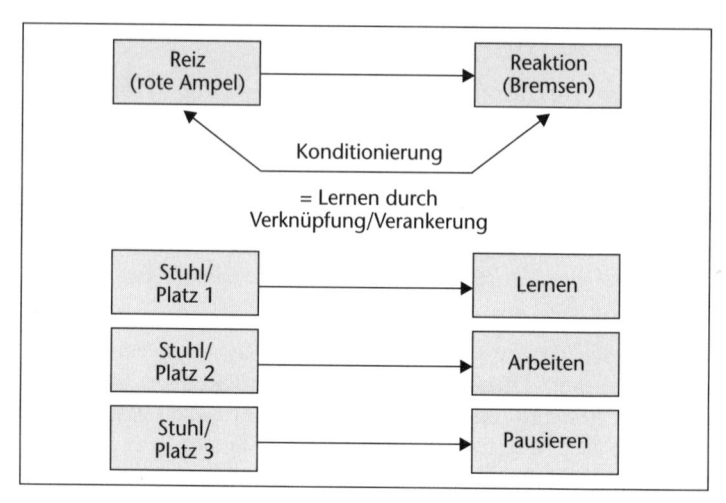

```
┌─────────────────────────────────────────────────┐
│   ┌──────────────┐              ┌──────────────┐│
│   │    Reiz      │─────────────▶│   Reaktion   ││
│   │ (rote Ampel) │◀─┐        ┌─▶│   (Bremsen)  ││
│   └──────────────┘  │        │  └──────────────┘│
│              Konditionierung                    │
│                                                 │
│              = Lernen durch                     │
│           Verknüpfung/Verankerung               │
│                                                 │
│   ┌──────────────┐              ┌──────────────┐│
│   │   Stuhl/     │─────────────▶│   Lernen     ││
│   │   Platz 1    │              │              ││
│   └──────────────┘              └──────────────┘│
│   ┌──────────────┐              ┌──────────────┐│
│   │   Stuhl/     │─────────────▶│   Arbeiten   ││
│   │   Platz 2    │              │              ││
│   └──────────────┘              └──────────────┘│
│   ┌──────────────┐              ┌──────────────┐│
│   │   Stuhl/     │─────────────▶│  Pausieren   ││
│   │   Platz 3    │              │              ││
│   └──────────────┘              └──────────────┘│
└─────────────────────────────────────────────────┘
```

Abb. 5: Konditionierungsprozess

Vielleicht kennen Sie die Aussage des Philosophen Epiktet: „Nicht die Dinge sind positiv oder negativ, sondern unsere Einstellungen machen sie so!"

Im Spielfilm „Papillon" mit Dustin Hoffman und Steve McQueen wird dies sehr klar: Beide verbüßen eine Gefängnisstrafe auf der Insel „Devil's Island". Eine Insel, auf der ein Entkommen als höchst unwahrscheinlich eingestuft wird. In der ersten Schüssel Haferschleim, die Steve McQueen als Häftling bekommt, ist eine lebende Küchenschabe. Voller Ekel wirft er sie weg. Drei Monate später versucht Steve McQueen sogar, Küchenschaben zu fangen, um sie zu essen.

Eine Reihe von Einstellungen sind oftmals das Resultat von bewussten oder unbewussten Konditionierungen. Im Ausbildungsgeschehen gelten dieselben Gesetze: Indem Sie als Ausbilder unterschiedliche Stühle beziehungsweise Plätze im Raum gezielt benutzen, können Sie Ihren eigenen geistigen Zustand und den des Auszubildenden im Sinne eines effektiveren Lernens beeinflussen. Wenn Sie diese Anker konsequent nutzen, können Sie erleben, wie demnächst der Auszubildende Meier auf dem Weg zu Ihnen in einen entspannten, erwartungsvollen und aufmerksamen Lernzustand verfällt.

Die „Stuhl-Gang-Methode" 2.3

Weitere Anwendungsbeispiele der Walt-Disney-Strategie

Abschließend noch zwei Hinweise, vorausgesetzt, dass Sie die Kategorien „positiv-negativ" trotz ihrer problematischen Verkürzung akzeptieren. Zum Ausbilden gehört das Beurteilen und notfalls das kritische Gespräch. Angenommen, die Beurteilung des Auszubildenden fällt „positiv" aus. Wenn Sie dem Auszubildenden am Platz des „Lernens" das Ergebnis Ihrer Beurteilung im Gespräch erläutern, verstärken Sie damit die bereits positiv geankerte Reaktion (Gefühl, Vorstellung etc.) des Auszubildenden, die beim Aufsuchen des Platzes aufkommt. Andererseits ist es empfehlenswert, einen positiv geankerten Lernzustand am Platz des „Lernens" nicht durch eine „negative" Beurteilung oder durch ein tadelndes Gespräch im Sinne einer Disziplinierung zu trüben. Suchen Sie hierzu einen weiteren, bislang neutralen Platz auf (s. Abb. 6). Wenn es sich aber beim „Tadel" um eine sachliche Fehlerkorrektur handelt, mit der Sie das Handeln und den Lernprozess des Auszubildenden in eine von Ihnen gewünschte Richtung lenken wollen, dann bleiben Sie am Platz des „Lernens".

Erweitertes Grundmodell

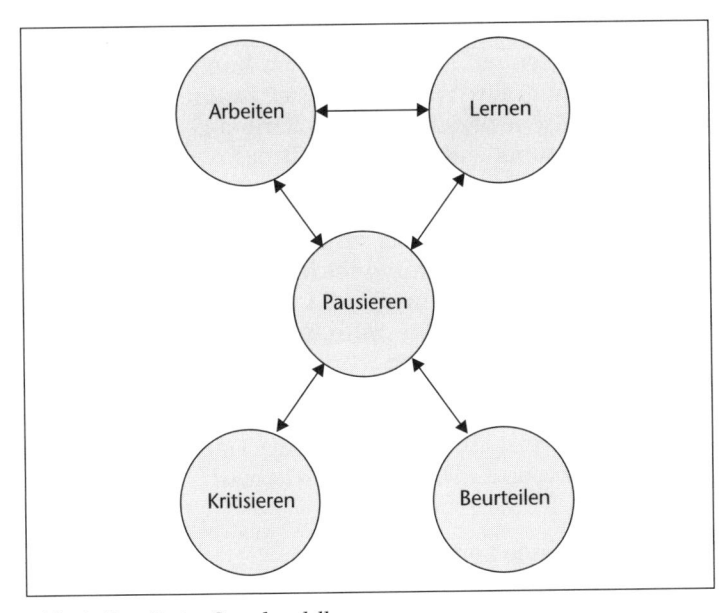

Abb. 6: Erweitertes Grundmodell

Wie die Beispiele zeigen, lässt sich die Walt-Disney-Strategie generell in die Aus- und Weiterbildung sowie in den (Berufs-)Alltag integrieren. Also, nutzen Sie die Möglichkeiten der „Stuhl-Wanderung", um sich und die Auszubildenden sowie ihre Arbeit voranzubringen.

2.4 Die Kundenorientierung: Wie Sie lerntypgerecht unterweisen

Es nützt nichts, den Lehrling schmalspurig auszubilden. Das Einzige, was er anschließend vertreibt, sind die Kunden.

Sind Sie mutig? Dann beantworten Sie drei Fragen: Wer entscheidet über die Qualität einer Dienstleistung und eines Produktes? Der Kunde. Wer entscheidet über die Qualität der Berufsausbildung? Zögern Sie nicht: der Kunde. Wer ist der Kunde? Der Auszubildende.

Kundenorientierung beginnt beim Auszubildenden

Kundenorientiertes Handeln beginnt beim Auszubildenden. Es ersetzt lange Monologe über Kundenorientierung. Die Tat, nicht die Rede gilt. Wenn Sie diesen Anspruch verwirklichen, praktizieren zukünftige Mitarbeiterinnen und Mitarbeiter auch nach außen ein hohes Niveau an Kunden- und Qualitätsorientierung. Ein Weg, dieses Ziel zu erreichen, ist das kundenspezifische beziehungsweise lerntyp-gerechte Ansprechen des Auszubildenden. Was heißt das?

Angenommen, Sie wollen einem Passanten den Weg zum Hauptbahnhof erläutern. Der visuelle Lerntyp benötigt eine Skizze, dem auditiven Lerntyp reicht eine sprachliche Erklärung. Der motorische Lerntyp wird es Ihnen danken, wenn Sie ihn auf eine imaginäre Fahrt zum Hauptbahnhof mitnehmen. Woran können Sie erkennen, welche Art von Vermittlung der Passant benötigt?

Analog zur Berufsausbildung lautet die Frage: Was sind visuelle, auditive und motorische Lerntypen?

Die verschiedenen Lerntypen

Der Biologe Frederic Vester prägte 1975 den Begriff „Lernbiologie". Er fand heraus, dass Menschen auf Grund individueller Erfahrungen und Entwicklungen jeweils unterschiedliche Sinnesorgane ausprägen, mit denen sie bevorzugt Informationen aufnehmen und verarbeiten. In der Wahrnehmung und im Umgang mit dem Lernstoff lassen sich drei Haupttypen unterscheiden:

a) „Mr. Spock": Auditiver bzw. akustischer Lerntyp

Mancher Auszubildende lernt einen Sachverhalt sehr schnell, wenn er die Informationen erzählt bekommt. Das Ohr ist beim Lernen von Ausbildungsinhalten die größte Hilfe: Beispielsweise das Hören und Nachsprechen im Rahmen der 4-Stufen-Methode stellen eine wesentliche Lernhilfe dar.

Hören und Nachsprechen

b) „Heino": Visueller Lerntyp

Andere Auszubildende können sich dann etwas merken, wenn sie eine Vorstellung davon haben, wie etwas funktioniert oder abläuft. Sie nehmen neue Informationen bevorzugt über das Auge auf. Diese Auszubildenden erleben vor allem das Zeigen und Vorführen von Arbeitsmaterialien und -prozessen im Rahmen eines Qualifizierungsprozesses als wichtige Lernhilfe. Auch das Durchlesen von Informationen fördert das Lernen.

Zeigen und Vorführen

c) „Rocky": Motorischer oder kinästhetischer Lerntyp

Wenn es um das optimale Aufnehmen und Verarbeiten von Informationen geht, ist für den motorisch-orientierten Lerntyp der Bewegungsapparat von grundlegender Bedeutung. Kinästhetische beziehungsweise aktiv handelnde Lerntypen müssen im wahrsten Sinne des Wortes Informationen beispielsweise durch Hantieren, Experimentieren, Aufschreiben und Zeichnen be-greifen. Das unmittelbare Nachmachen von gesehenen Arbeitsprozessen unterstützt diese Art von Lernen.

Learning by doing

Kommunikation und Informationsverarbeitung

Sie können sich jetzt sicherlich vorstellen, dass es leicht zu Kommunikationsmiss(t)verständnissen kommt, wenn ein Lerntyp im Rahmen von Qualifizierungsprozessen nicht bedient wird.

Kommunikationsmiss(t)-verständnisse

2 Fachwissen anschaulich vermitteln – aber wie?

Ein Beispiel aus der Ausbildungspraxis:

Der Auszubildende Meier wird in einer Spedition zum Berufskraftfahrer ausgebildet. Zum Ausbildungsrahmenplan gehört auch das Vermitteln von technischen Informationen. Während sein Lehrer in der Berufsschule sich zu Beginn der Woche redlich bemüht, die Informationen den Auszubildenden zu vermitteln, zweifelt Meier innerlich an seiner Intelligenz. Sein Schlüsselerlebnis kommt jedoch früher als erwartet. Am Freitag steht auf dem betrieblichen Ausbildungsplan: Technischer Dienst am Fahrzeug. Und siehe da, nachdem Meier die Möglichkeit bekommt, sich die einzelnen Teile am Fahrzeug anzuschauen und zu berühren, versteht er im Nachhinein, was der Lehrer am Montag in der Berufsschule erklärt hatte.

Wenn sich Ihre bevorzugte Art der Wissensvermittlung mit der favorisierten Aufnahme von Ausbildungsinhalten durch den Auszubildenden überschneidet (s. Abb. 7), kommt es zum optimalen Lehr- und Lernprozess. Der Volksmund formuliert in solchen Fällen zutreffend: „Wir liegen auf einer gemeinsamen Wellenlänge."

Ausbilder		Auszubildender
Vortragen		Akustischer Lerntyp
Vorführen/ Zeigen		Visueller Lerntyp
Nachmachen/ Selbermachen lassen		Kinästhetischer Lerntyp

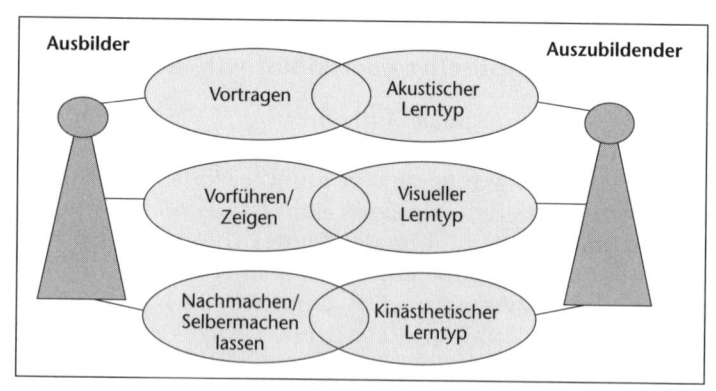

Abb. 7: Modell der „Lerntyp- bzw. Kundenorientierung" in der Berufsausbildung

Wenn allerdings zwischen Ausbildungsstil und Lerntyp jegliche Überschneidungen fehlen, dann heißt es sehr schnell: „Mein Gott, jetzt habe ich es dir bereits dreimal erklärt. Nun wird es aber langsam Zeit, dass du dein Gehirn einschaltest."

Die Kundenorientierung 2.4

Hier hilft die „Kindermalbuch-Methode" weiter

Mit Ein- oder Ausschalten des Gehirns hat dieser Vorgang wenig zu tun. Auszubildende, die als Lerntyp nicht bedient werden, sind bald bedient. In einer solchen Situation hilft keine weitere, auch noch so gut gemeinte verbale Erklärung. Und schon gar keine Vorwürfe. Ein Schaubild, eine grafische Darstellung des Sachverhalts, ein Vorführen oder das Anfertigen einer Skizze kann das Kommunikationsproblem im Nu lösen. Dabei kommt es nicht auf die Schönheit der Zeichnung an. Es reicht aus, wenn Sie in diesem Zusammenhang die „Kindermalbuch-Methode" praktizieren. Nach dem Motto: „Hast Du von Ahnung keine Spur, dann male Dir eine Hilfsfigur."

Die Kunst des Ausbildens

Die Kunst des Ausbildens besteht also darin, sich auf den Lerntyp des jeweiligen Auszubildenden einzustellen. Das leuchtet ein, wirft aber sogleich die Frage auf:

Wie können Sie beim Auszubildenden wahrnehmen, um welchen Lerntyp es sich handelt?

Bewerkstelligt wird dies, indem Sie bewusst die Wortwahl Ihres Auszubildenden wahrnehmen. Die Begründer des neurolinguistischen Programmierens Richard Bandler und Michael Grinder entdeckten, dass Menschen abhängig vom bevorzugten Sinnesorgan dazu tendieren, in ihrer Sprache verstärkt visuelle, auditive oder kinästhetische Wörter zu verwenden. Dazu ein Dialog zwischen Ausbilder Strahlemann und Auszubildendem Rauh. Später gesellt sich noch Ausbildungsleiter Wisper hinzu:

Wortwahl analysieren

Ausbilder Strahlemann: „Herr Rauh, ich will nicht den Teufel an die Wand malen, aber wenn Sie die Vorteile unserer Kundenorientierung nicht einsehen, dann muss ich Ihnen die Konsequenzen vor Augen halten. Und dann sehe ich mich nicht mehr in der Lage, Ihnen noch zu helfen."

Auszubildender Rauh: „Herr Strahlemann, ich begreife überhaupt nicht, was Sie von mir wollen. Ihr Vorwurf ist für mich wie ein Schlag unter die Gürtellinie. Die ganze Sache lastet sehr auf meinen Schultern. Mir wird richtig schwindlig, wenn ich nur daran denke."

Ausbildungsleiter Wisper: „Herr Strahlemann, Herr Rauh, wie ich höre, gibt es Probleme. Wir sollten mal in Ruhe miteinander sprechen und alle Fragen klären."

Visueller Lerntyp

Der *visuelle Lerntyp* bevorzugt also Wörter und Formulierungen wie „sehen", „vor Augen halten", „ins Auge fassen", „Licht in etwas bringen", „verschiedene Blickwinkel betrachten" oder „aus der richtigen Perspektive sehen".

Akustischer Lerntyp

Der *akustische Lerntyp* tendiert zu Wörtern und Formulierungen wie „Lass mal hören", „Donnerwetter", „Lass uns mal miteinander schwatzen oder tratschen", „Das klingt gut" oder „Das verstehe ich".

Kinästhetischer Lerntyp

Der *kinästhetische Lerntyp* greift auf Wörter und Formulierungen zurück wie „Ich habe das Gefühl", „erleben", „anknüpfen" „abwimmeln", „auf die Schliche kommen", „Ich fühle mich erschlagen", „Das ist ja nicht zu fassen" oder „Da ballt sich was zusammen".

Wenn Sie also bewusst die Wortwahl Ihres Auszubildenden wahrnehmen, können Sie relativ leicht erkennen, welchen Sinneskanal Ihr derzeitiger Auszubildender bevorzugt: Hören, Sehen und/oder Begreifen/Spüren. An dieser Stelle sagen gelegentlich einige Ausbildungsbeauftragte im Seminar: „Dann muss ich ja dem Auszubildenden genau zuhören." Diese Aussage ist insofern erstaunlich, da nichts anderes vom Auszubildenden erwartet wird.

Zwei weitere Methoden

Falls Ihnen diese Vorgehensweise nicht zusagt, gibt es zwei weitere Möglichkeiten, den Lerntyp Ihres Auszubildenden zu ermitteln:

1. Variante: Sie fragen ganz einfach Ihren Auszubildenden, wie er am besten lernt. Je nachdem, wie bewusst Ihr Auszubildender in der Vergangenheit gelernt hat, wird er Ihnen diese Frage mehr oder weniger beantworten können.

2. Variante: Sie ermitteln den Lerntyp per Test. Probieren Sie es selbst.

Welcher Lerntyp sind Sie selbst?

Wollen Sie ganz schnell erfahren, welchen Sinneskanal Sie beim Wahrnehmen und Verarbeiten von Informationen favorisieren? Sind Sie daran interessiert, in aller Kürze Ihren Lerntyp zu entdecken? Dann führen Sie bitte die nachfolgende Übung durch:

Übung: So entdecken Sie Ihren Lerntyp

Sie werden gleich eine Tätigkeit lesen, die Sie regelmäßig ausführen. Wenn Sie diese Tätigkeit lesen, achten Sie bewusst darauf, was Sie zuerst wahrnehmen. Ist es ein Bild? Sehen Sie, wie Sie diese Tätigkeit bewältigen? Ist es ein Geräusch? Hören Sie, wie Sie diese Aufgabe ausführen? Oder ist es ein Gefühl, ein Geruch, ein Geschmack? Spüren, riechen oder schmecken Sie, wie Sie diese Tätigkeit bewerkstelligen?

Was nehmen Sie spontan wahr, wenn Sie jetzt an Ihre „morgendliche Zahnpflege" denken?

Das, was Sie zuerst wahrgenommen haben, ist ein Hinweis auf Ihren bevorzugten Sinneskanal. Diese von Ihnen entwickelte Präferenz ist weder gut noch schlecht. Das Testergebnis gibt Ihnen lediglich Aufschluss darüber, mit welchem Kanal Sie vorzugsweise Informationen wahrnehmen. Wenn sie dies bei persönlichen Lernprozessen berücksichtigen, ist das Lernen für Sie leichter.

Mischtypen – alles ist möglich

In der Praxis werden die dargestellten Lerntypen in reiner Form nicht immer vorzufinden sein; häufig entdecken Sie Mischtypen. Bei Mischtypen handelt es sich um eine Kombination aus zwei verschiedenen Sinneskanälen. Zum Beispiel visuell-kinästhetisch. Oder visuell-auditiv. Alles ist möglich. Es geht nicht darum, „Typen" zu erschaffen. Sondern: Das Wissen über die unterschiedlich begünstigten Informationskanäle ermöglicht Ihnen, sich dem Auszubildenden leichter verständlich zu machen. Wenn Sie in der Sprache des Auszubildenden kommunizieren, signalisieren Sie ihm die Bereitschaft, auf ihn einzugehen.

> **Eine mögliche Trainingsform**
>
> Anfangs können Sie ein kleines Training im Freundes- und Verwandtschaftskreis durchführen. Achten Sie beispielsweise bewusst auf die Wortwahl Ihres Lebenspartners. Sie oder er merkt es ja nicht.

Lernumgebung inspirierend gestalten

Ausgehend davon, dass wir immer von Einflüssen umgeben sind, gilt es, diese Einflüsse in der Berufsausbildung sehr bewusst lernfördernd zu gestalten.

Gestaltung des Ausbildungsplatzes

Unbestritten ist es ein Unterschied, ob Sie als ausbildende Person bekleidet mit einer Badehose auf einer saftigen, grünen Wiese einen Ausbildungsprozess initiieren oder im Designer-Outfit in einem angenehm ästhetisch gestalteten Raum Ihre Ausbildung durchführen. Bereits Pestalozzi forderte Klassenzimmer mit dem Charakter einer „Wohnstube". Mit anderen Worten: Der Auszubildende soll sich am Lern- und Ausbildungsplatz wohl fühlen.

Welche Mittel können Sie gezielt einsetzen, um eine Lernumgebung inspirierend zu gestalten?

Stehpult

Für den **kinästhetischen bzw. aktiv handelnden Lerntyp** ist es wichtig, sich beim Lernen gelegentlich zu bewegen. Zum Beispiel ein Stehpult oder ein Balance-Stuhl am Schreibtisch berücksichtigen diese Bedürfnisse.

Einsatz von Medien

Für den **visuellen Lerntyp** ist es hilfreich, wenn Sie auf dem Flipchart oder einem großen Papierblock wichtige Inhalte visualisieren und anschließend damit die Wände des Raumes schmücken. „Auf diese Weise wirken die Lerninhalte peripher weiter, die Lerner können sich jederzeit auf sie rückbeziehen, und der Raum wird lebendiger" (BUNER 1993, S. 16).

Ein Beispiel aus der Ausbildungspraxis:

Angenommen, Sie wollen eine Auszubildende in das Thema „Zahnersatz" einweisen. Dabei ist es wichtig, einige Besonderheiten beim Erstatten von Zuschüssen zu beachten. Da diese für einen „Neuling" etwas umfangreicher sind, entwickeln Sie flugs eine Übersicht zu den genannten Zuschüssen. Anschließend hängen Sie den Flipchart-Bogen an die Wand, sodass die Auszubildende beim Bearbeiten von Anträgen jederzeit auf diese Lernhilfe schauen kann.

Ermutigen Sie Ihre Auszubildenden von sich aus solche Flipchart-Bogen zu erstellen. Sie schlagen zwei Fliegen mit einer Klappe: Arbeitssparend für Sie, Gewinn bringend für Ihre Auszubildenden.

Eine weitere wohltuende und unaufdringliche Möglichkeit, Lern- und Arbeitsplätze stimulierend zu gestalten, sind Blumen. Allein das Aufstellen von einigen Grünpflanzen erzeugt am Lern- und Arbeitsplatz eine stimulierende Raumatmosphäre.

Grünpflanzen

2.5 Die Doppelstrategie: Wie Sie „gehirngerecht" ausbilden

„Wie eine Parabel zur Erdoberfläche bewegt sich ein amphibisches Individuum unter Ausnutzung der latenten Energie auf sein äquivalentes Element zu." Mit anderen Worten: „Ein Frosch springt ins Wasser." Ahnen Sie bereits, worum es in diesem Abschnitt geht? Genau: Neben der positions- und lerntypgerechten Weitergabe von Informationen ist das „gehirn-gerechte" Vermitteln – wie es im zweiten Teil des oben genannten Beispiels zum Ausdruck kommt – eine weitere Möglichkeit, berufstypische Fertigkeiten und Kenntnisse „an den Mann zu bringen". Was heißt das? Und: Wie funktioniert „gehirn-gerechtes" Ausbilden?

Zu den zentralen Ergebnissen der Hirnforschung gehört, dass das menschliche Gehirn aus einer rechten und einer linken Hälfte besteht. Diese sind über einen Balken miteinander vernetzt und arbeiten als „Team" zusammen. Worin besteht der Unterschied zwischen diesen beiden Hirnhälften? Sa-

Ergebnisse der Hirnforschung

lopp formuliert: In der linken Gehirnhälfte residiert der Logiker, der gesprochene und/oder geschriebene Worte sowie Zahlen verarbeitet; in der rechten Hälfte haust der Künstler, der die kreative Seite verkörpert und für das Verarbeiten von Bildern, Analogien, Stimmungen, Farben, Melodien, Gestalten und Ähnliches zuständig ist. In diesem Zusammenhang wird oft von digitaler (linke Hirnhälfte) und analoger (rechte Hirnhälfte) Informationsverarbeitung gesprochen.

Denkmodell Dieses Denkmodell basiert auf den Entdeckungen des Hirnforschers und Nobelpreisträgers von 1981, Roger Sperry. Zum didaktischen Ohrwurm wurde es vor allem durch die popularisierenden Arbeiten von Vera F. Birkenbihl, die nach eigenen Angaben etwa 1973 den Begriff „gehirn-gerecht" erfunden hat. Obwohl in der Hirnforschung inzwischen weitere Erkenntnisse entdeckt worden sind und das Denkmodell nicht dem neuesten Wissensstand entspricht, ist dieses Konstrukt nach wie vor hilfreich, Ihnen den Gedanken vom „gehirn-gerechten" Ausbilden vorzustellen.

Eine Übung zum Einstimmen

Haben Sie Lust, eine kleine Übung zum Thema „gehirn-gerechtes Aufbereiten von Informationen" durchzuführen? Wenn ja, benötigen Sie für die folgende Aufgabe ein Blatt Papier. Bevor Sie weiterlesen, decken Sie spontan die rechte Spalte der nachfolgenden Tabelle ab und versuchen Sie, die Sätze in der linken Spalte zu entschlüsseln. Ein Hinweis: Bei den ersten vier Sätzen handelt es sich um Sprichwörter oder Volksweisheiten, beim fünften Satz um ein Lied von Robert Stolz, und bei der sechsten Aufgabe wird eine Berufsbezeichnung gesucht. Ziehen Sie schrittweise das Blatt Papier nach unten, um Ihre Assoziationen mit den vorgegebenen Lösungen zu vergleichen. Haben Sie ein Blatt Papier? Okay, dann legen Sie los!

Die Doppelstrategie 2.5

Aufgabe	Lösung
1. Die voluminöse Expansion der subterranen Agrarprodukte steht in reziproker Relation zur intellektuellen Kapazität ihrer Produzenten.	Die dümmsten Bauern haben die dicksten Kartoffeln.
2. Präsente mit dem Limit des Minimalen konservieren soziale Kontakte.	Kleine Geschenke erhalten die Freundschaft.
3. Potenziell durabel angelegte Interaktionsgemeinschaften werden im extraterrestrischen Raum konstituiert.	Ehen werden im Himmel geschlossen.
4. In Perioden ökonomischer Depression stehen spezielle Spezies der Dipteren auf Luzifers Diätplan.	In der Not frisst der Teufel Fliegen.
5. Vor der Front eines Gebäudes, das im Eigentum meines nächsten männlichen Angehörigen gerader Linie steht, befindet sich ein botanisches Gewächs.	Vor meinem Vaterhaus steht eine Linde.
6. Dozent für angewandte Fahrdynamik in einem mobilen Lehrstuhl	Fahrlehrer

Haben Sie die Lösung gefunden? Wenn nicht, auch herzlichen Glückwunsch. Es scheint nicht Ihrer Mentalität zu entsprechen, einfache Inhalte zu verkomplizieren.

Anhand dieser kleinen Übung lässt sich das Konstrukt vom „gehirn-gerechten" Ausbilden sehr anschaulich erläutern: Dieses Denkmodell besagt, dass ein Auszubildender jede Digital-Information, also Zahlen, Symbole und Worte, nur dann verstehen kann, wenn er sie früher einmal gelernt hat und sich daher ein „Bild" dazu machen kann. In den oben genannten Beispielen der linken Spalte haben zahlreiche Wörter bei Ihnen (?) zu Verständnisproblemen geführt. Erst die analoge Information in Form einer sprachlichen Visualisierung in der rechten Spalte hat zum Verstehen beigetra-

Konstrukt vom „gehirngerechten" Ausbilden

gen. Deswegen postuliert Vera F. Birkenbihl, beim Lernen und Ausbilden „gehirn-gerecht" vorzugehen. „Gehirn-gerecht" heißt, dass sich auf beiden Seiten gleichzeitig etwas tut.

Für die Praxis können Sie daraus ableiten: Ziel eines Qualifizierungsprozesses muss es sein, dass sich der Auszubildende den Sachverhalt vorstellen kann.

Es gibt auch die andere Variante, wo digitale Informationen sehr wohl beim Empfänger „Bilder" auslösen, die aber nicht identisch sind mit den Absichten des Senders. Dazu ein Beispiel:

Handwerksmeister Gränny, Inhaber einer Fahrzeuglackiererei, hat einen guten Bekannten, der stolzer Besitzer eines Porsche-Autos ist und diesen „schwarz" (unter der Hand) lackieren lassen möchte. Meister Gränny führt den Auftrag aus, indem er auf den Porsche die Farbe Schwarz spritzen lässt.

Vera F. Birkenbihl sagt hierzu sehr treffend: „Glauben Sie also nicht, wenn jemand das gleiche Wort wie Sie verwendet, dass er dieselbe Vorstellung dranhängt." Erinnern Sie sich noch an die klassische Anekdote, wo der Schmied dem Lehrling einen großen Hammer in die Hand drückt und dann sagt: „Wenn ich mit dem Kopf nicke, schlag zu!" Das Ergebnis dieser Einweisung: Er nickte nie wieder.

Ein Bild sagt mehr als tausend Worte

Andererseits lautet ein altes chinesisches Sprichwort: „Ein Bild sagt mehr als tausend Worte." Das ist in der Tat so. Ein Beispiel: „Ein Taubstummer betritt eine Bank und legt dem Angestellten ein Kondom und zwei Eier auf den Tresen. Der Angestellte schaut den Kunden fragend an." Er verfügt in dieser Situation zwar über ein Bild in der rechten Gehirnhälfte (= analoge Information), dennoch stellt er sich verzweifelt die Frage: „Was will der Kunde?" Um die Situation angemessen einschätzen zu können, benötigt der Bankangestellte eine Erklärung (= digitale Information). Wissen Sie inzwischen, was der Kunde will? Er möchte seinen Kredit bis Ostern überziehen.

Ähnlich verhält es sich bei Qualifizierungsprozessen, wo der Auszubildende zum ersten Mal Werkzeuge, Maschinen, Ge-

Die Doppelstrategie 2.5

räte, Formulare und sonstige betriebliche Gegen-stände sieht (= Bild), aber deren Bedeutung nicht kennt. Der Auszubildende kann die Gegenstände nicht einordnen und benutzen, weil ihm eine entsprechende Erklärung fehlt.

So bilden Sie „gehirn-gerecht" aus

Wenn Sie dem Auszubildenden Ihr berufliches Know-how vermitteln, dann „bedienen" Sie parallel beide Gehirnhälften. Dies erreichen Sie, indem Sie beispielsweise berufstypische Kenntnisse in konkrete Arbeitsaufgaben einbetten, statt sie theoretisch zu erläutern. Des Weiteren ist wichtig, dass der Auszubildende den Zusammenhang zwischen seiner Tätigkeit und dem gesamten Arbeitsablauf nachvollziehen kann. Erläutern Sie die Fragen:

Beide Gehirnhälften bedienen

▶ Woher kommt das „Formular"?
▶ Was wird wie und warum bearbeitet?
▶ Wohin geht das „Formular"?

Die simultane Weitergabe erleichtert das Aufnehmen und Verarbeiten von Informationen. Zeigen Sie Ihren Auszubildenden, was Sie zu sagen haben. Und fragen Sie immer nach, ob und wie das Gesagte angekommen und verstanden wurde.

Simultane Weitergabe von Praxis-Know-how

Die Empfehlung, „gehirn-gerecht" zu kommunizieren, ist schon in der Planungsphase zu berücksichtigen. Sie bezieht sich auf das selbstkritische Verwenden von Fremdwörtern, Fachbegriffen, betrieblichen Kürzeln und ein Gebräu aus englisch-deutschen Worthülsen. Während im Kreis der Wissenden diese Formulierungen wie selbstverständlich benutzt werden können, um die Kommunikation zu beschleunigen, wirken sie auf den Neueinsteiger wie Fach-Chinesisch.

An was denken Sie, wenn Sie den folgenden Satz lesen: „Der Lehrling wurde in die Stoßtechnik eingewiesen und lernte dabei das Bürsten." Klingt das eher vertraut oder merkwürdig? Um welchen Ausbildungsberuf handelt es sich? Nun, es ist der Maler- und Lackiererberuf. Beim Tapezieren auf „Stoß" werden die Bahnenkanten beziehungsweise Tapetenränder nicht mehr übereinander geklebt, sondern gegeneinander gedrückt oder geschoben. Das Andrücken und Glätten der

57

2 Fachwissen anschaulich vermitteln – aber wie?

Tapete wird auch als „Bürsten" bezeichnet, da es mit einer Tapezier-Bürste erfolgt.

Neben dem Maler- und Lackiererberuf gibt es zahlreiche Ausbildungsberufe, in denen ebenfalls im Rahmen der betrieblichen Kommunikation ein fachspezifisches Vokabular wie selbstverständlich benutzt wird. Wie jede „Fremdsprache" muss auch diese erst gelernt werden. Werden Sie bis dahin zum „Dolmetscher". Fragen Sie sich:

▶ Welche (Fach-)Kenntnisse hat der Auszubildende zum Thema?

▶ Was können Sie voraussetzen?

▶ Wo können Sie anknüpfen?

Noch ein paar Tipps

▶ Wenn der Sachverhalt zu kompliziert ist, um ihn ausschließlich verbal zu erläutern, fertigen Sie Zeichnungen an und/oder bilden Sie Vergleiche. Fragen Sie sich: „Ist das so, wie ...? Dazu zwei Beispiele:

Vergleiche bilden

1. **Beispiel:** Die Antwort auf die Frage „Was ist ein Extruder und wie sieht dieser aus?" lautet: Ein Extruder sieht aus wie eine große Nudelteigmaschine. Statt Nudeln werden mit der Maschine Formstücke wie Rohre, Drähte oder Ähnliches produziert.

2. **Beispiel:** Wie funktioniert eine Ultrahochfrequenzanlage? Eine Ultrahochfrequenzanlage funktioniert prinzipiell wie eine Mikrowelle, nur dass sie nicht in eine Einbauküche passt.

▶ Setzen Sie Zahlen ins Verhältnis zu anderen Bezugsgrößen. Zum Beispiel: An einer Tanksäule sind 300 Liter Benzin ausgelaufen. Was bedeutet dieser Zahlenwert? Ist das viel oder wenig? Ein verbaler Vergleich sorgt hier für Klarheit: Stellen Sie sich 300 Ein-Liter-Coca-Cola-Flaschen vor, die ausgelaufen sind.

▶ Setzen Sie Transportmittel ein. Zu den Transportmitteln gehören alle Arbeitsmaterialien und -gegenstände, die das

Verstehen von Sachverhalten erleichtern. Gehen Sie vor einer Ausbildungseinheit gedanklich den Know-how-Transfer durch und stellen Sie unter Berücksichtigung des Auszubildenden die Frage: An welchen Stellen ist der Einsatz von „Ausbildungsmitteln" sinnvoll? **Ausbildungsmittel**

▶ Berücksichtigen Sie das unterschiedliche Auffassen von sprachlichen Ausdrücken. Denken Sie an den Malermeister, dessen Lehrling die Fenster streichen sollte. Nachdem er die Arbeit vollbracht hatte und sein Werk stolz betrachtete, fragte er: „Meister, soll ich jetzt auch die Fensterrahmen lackieren?" **Sprache**

▶ Bilden Sie Eselsbrücken, zum Beispiel: Ein Barrel Benzin sind 159 Liter. Wie können Sie sich diese Einheit auf die „Festplatte brennen"? Stellen Sie sich vor, in jedem Bundesland stehen zehn gefüllte Flaschen mit Benzin (gleich 160 Liter). In Bayern sind allerdings nur neun gefüllt: Denn wer erinnert sich nicht an die legendäre Pressekonferenz von Bayerns Coach Giovanni Trapattoni? Wutentbrannt beschwerte er sich über „Struuuunz", der war „schwach wie eine Flasche leer ..." Eselsbrücken verbinden die linke und rechte Gehirnhälfte. **Eselsbrücken**

Wie kompliziert ein Sachverhalt auch ist, es gibt stets eine Möglichkeit, ihn so zu erklären, dass ein aufgewecktes zehnjähriges Kind es versteht. Informationen, die in beiden Gehirnhälften verankert sind, werden so schnell nicht wieder vergessen. Nutzen Sie also die Doppelstrategie, um in jedem Ihrer Tätigkeitsbereiche die Menschen und ihre Arbeit voranzubringen.

Checkliste: Fachwissen anschaulich vermitteln

Aufgaben	Ja	Nein
Vor dem Qualifizierungsprozess:		
1. Haben Sie in der Planungsphase (Lern-)Ziele aufgestellt?		
2. Haben Sie daran gedacht, Teilziele zu formulieren?		

2 Fachwissen anschaulich vermitteln – aber wie?

Aufgaben	Ja	Nein
3. Sind die (Lern-)Ziele so formuliert, dass alle Beteiligten das Gleiche darunter verstehen?		
4. Haben Sie die Bedingungen genannt, unter denen ein Verhalten erfolgen soll?		
5. Können Sie am Ende einer Ausbildungseinheit überprüfen, ob und wie die (Lern-)Ziele erreicht worden sind?		
6. Haben Sie unter Berücksichtigung Ihrer Lernziele und den Voraussetzungen des jeweiligen Auszubildenden Ihre Ausbildungsinhalte auf ein verdaubares Maß reduziert?		
7. Gibt es in Ihrem Ausbildungsbereich drei funktionalisierte „Aufenthaltsorte", die Sie zum „Lernen", „Arbeiten" und „Pausieren" nutzen?		
8. Wissen Sie, was für ein Lerntyp Sie sind?		
9. Haben Sie daran gedacht, die Lernumgebung inspirierend zu gestalten?		
10. Gibt es die Möglichkeit, Ausbildungsmittel einzusetzen, mit denen Sie Ihren Qualifizierungsprozess unterstützen können?		
Während des Qualifizierungsprozesses:		
11. Gehen Sie sprachlich und methodisch auf den jeweiligen Lerntyp (visuell, auditiv und/oder kinästhetisch) ein?		
12. Bieten Sie Ihre Informationen „gehirngerecht" an? Könnte ein aufgewecktes zehnjähriges Kind Ihre Informationen verstehen?		
13. Haben beide Gesprächspartner ein und dieselbe Vorstellung vom Sachverhalt?		
14. Werden wichtige Informationen von Ihnen wiederholt?		
15. Lassen Sie als Ausbilder Rückfragen zu und gehen auf diese ein?		

3 Sich und Auszubildende motivieren

„Wie viele Ausbilder sind nötig, um einen Auszubildenden zu motivieren? Einer, vorausgesetzt, er will." Diese Quizfrage ist unter Ausbildungsbeauftragten ein beliebter Scherz. Tatsächlich hat der Kalauer einen wahren Kern: Motivation ist Sache des Einzelnen. Ihr Spielraum zu geben ist Sache des Ausbildungsbeauftragten. Motivieren bedeutet demnach, die Rahmenbedingungen in der Berufsausbildung so zu gestalten, dass sich Motivation im Auszubildenden entfalten kann und dadurch seine Potenziale zur Geltung kommen. Motivieren bedeutet ebenfalls, einen Auszubildenden anzuregen, etwas Bestimmtes zu tun.

Motivation ist Sache des Einzelnen

Ausgehend von dieser Grundannahme erhalten Sie auf die Frage „Wie können Ausbildungsbeauftragte Lernmotive wecken und verstärken, um einen Lernprozess zu forcieren?" zahlreiche Impulse und Anregungen. Und Sie entdecken, dass Motivation nicht immer machbar ist und im Alltag mehr erfordert als ein paar Techniken: Es geht um Haltungen und Einstellungen.

Es geht um Haltungen und Einstellungen

3.1 Das Drei-Säulen-Modell der Motivation

Lesen Sie zum Einstieg ein Fallbeispiel:

Ausbildungsabteilung oder Kantine?

Der Auszubildende Meier sitzt mit Kollegen beim Mittagessen in der Werkskantine. Nach dem Essen unterhalten sich die Auszubildenden angeregt über einen Vorfall, der sich letzte Woche in der Berufsschule ereignet hat. Mittlerweile ist es 12.28 Uhr. Einerseits weiß Azubi Meier, dass er um diese Zeit losgehen muss, damit er pünktlich um 12.30 Uhr mit seiner Arbeit in der Ausbildungsabteilung wieder beginnen kann. Andererseits findet er das Gespräch sehr interessant;

er befürchtet, etwas zu verpassen, wenn er jetzt geht. Wie wird sich Meier entscheiden?

Unabhängig davon, wie sich der Auszubildende Meier entscheiden wird (Sie erhalten später darauf eine Antwort), steht eines fest: In beiden Fällen ist er motiviert. Die weitaus interessantere Frage lautet vielmehr: Wozu?

Motivation ist die innere Bereitschaft zur Aktivität

In dem Wort „Motivation" steckt der Begriff „Motiv". Motiv ist, so eine Definition, der Beweg-Grund zu einem bestimmten Verhalten. Mit anderen Worten: Es gibt immer Gründe, warum ein Auszubildender so und nicht anders (re)agiert. Mit dem Begriff „Motivation" werden die Beweg-Gründe zusammengefasst, die in einer konkreten Situation das Entscheiden und Handeln einer Person beeinflussen.

Der Motivationsprozess kann schematisch wie folgt dargestellt werden:

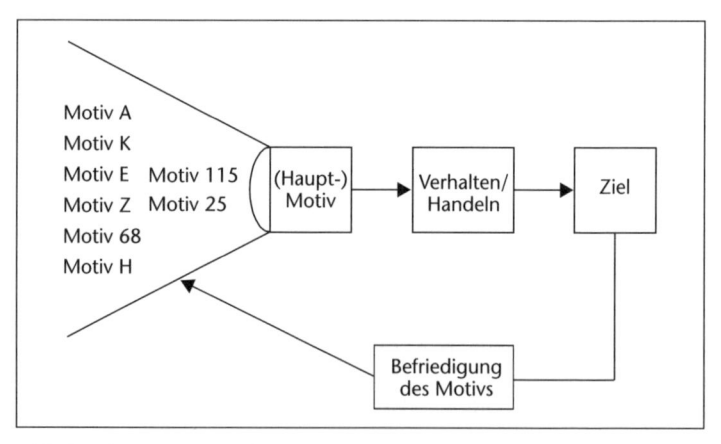

```
Motiv A
Motiv K
Motiv E    Motiv 115     (Haupt-)      Verhalten/      Ziel
Motiv Z    Motiv 25       Motiv         Handeln
Motiv 68
Motiv H
                                                    Befriedigung
                                                    des Motivs
```

Abb. 8: Phasen eines Motivationsprozesses

Der Abbildung können Sie entnehmen, dass der Mensch über zahlreiche Motive verfügt. Aus diesem Bündel entwickeln ungestillte Motive (z.B. Hunger) jene Kraft, die den Menschen im Hinblick auf ein Ziel (z.B. Sättigung) antreiben. Nachdem der Mensch durch ein angemessenes Verhalten (z.B. essen) das gewünschte Ziel erreicht hat, baut sich eine innere Spannung ab und es breitet sich ein befriedi-

Das Drei-Säulen-Modell der Motivation 3.1

gendes Gefühl aus. Grundlage menschlichen Handelns ist also die Befriedigung von Bedürfnissen.

Entsprechend der Abbildung basiert ein Motivationsprozess auf drei wesentlichen Säulen:

1. Das Motiv: Was will oder soll ich machen?
2. Das Verhalten: Wie kann oder soll ich es machen?
3. Das Ziel: Warum will oder soll ich es machen?

> **Quizfrage:**
>
> Welche Säule ist der sinnvollste Ansatzpunkt, um Auszubildende zu motivieren?

Das Ziel: Wer kein „Warum" hinter seinen Zielen kennt, der aktiviert nur einen kleinen Teil seiner Energie. Dieses kleine Wort, mit denen Generationen von Kindern ihre Eltern „genervt" haben, ist der Schlüsselbegriff zur Motivation. Nicht die Aufgabe und auch nicht die Vorgehensweise, sondern die Begründung auf die Frage „Warum" aktiviert die Lernenergie. Das kleine Wort „Warum" ist der Lernturbo der Motivation. Wer das „Warum" kennt, findet das „Wie" meist von alleine. Daher lautet die Motivationsformel:

„Warum" heißt das Zauberwort der Motivation

> Motivation ist zu 80 Prozent „Warum" und zu 20 Prozent „Was" und „Wie".

Sie sind von dieser Aussage nicht überzeugt? Okay, dann beantworten Sie nachstehende **Quizfrage**:

> Was ist der gravierende Unterschied zwischen dem Schüler, der in der sechsten Klasse für eine Englischarbeit Vokabeln büffelt, und dem Auszubildenden, der nach Feierabend Sprachkurse an der Volkshochschule belegt, weil er sechs Monate seiner Ausbildungszeit im englischsprachigen Ausland absolvieren will?

Der Schüler in der sechsten Klasse durchschreitet ein Paradies an methodischer Raffinesse: Rollenspiele, Kleingruppenarbeit, englisch gesungene Lieder und Unterricht im Sprachlabor sind didaktisch-methodisch vollkommen aufeinander abgestimmt. Ebenfalls scheint der Vormittag äußerst günstig zu sein, um die Lernmotivation des Schülers positiv zu beeinflussen. Dennoch fehlt dem Schüler ein entscheidender Anreiz: das Warum. Im Gegensatz zum Schüler weiß der Auszubildende ganz genau, warum er sich zweimal pro Woche nach Feierabend zur Volkshochschule „schleppt". Er hat ein selbst gesetztes Ziel vor Augen, was ihn trotz Müdigkeit mobilisiert.

---- Tipp ----

Klären Sie zunächst, wozu und warum Sie Ihre Auszubildenden zu bestimmten Verhaltensweisen anregen wollen, bevor Sie mit dem Ausbilden beginnen. Noch besser: Erarbeiten Sie gemeinsam mit Ihren Auszubildenden die angestrebten (Lern-)Ziele. Worauf Sie dabei achten müssen, erfahren Sie im nächsten Abschnitt.

3.2 Ziel- statt problemorientiert denken und handeln

Motiviertes Handeln setzt ein attraktives, magnetisch-anziehendes Ziel voraus. Erst dadurch werden alle menschlichen Kräfte aktiviert. Das gilt für unternehmerisches Handeln ebenso wie für das Privatleben.

Gütekriterien für die Zielarbeit

Achten Sie beim Erarbeiten von Zielen darauf, dass nachstehende Bedingungen erfüllt sind:

1. **Positiv formuliert:** Formulieren Sie, was Sie erreichen wollen. Statt: „Es ist nicht ..." besser: „Es ist ...". Formulieren Sie jedes Ziel in der Gegenwartsform. Statt: „Es wird ..." besser: „Es ist ...". Vermeiden Sie Negationen und Vergleiche.

2. **Unabhängigkeit sicherstellen:** Sie müssen Ihr Ziel selbst erreichen können. Es muss unter Ihrer Kontrolle stehen. Fragen Sie sich: „Was kann ich tun, damit ich das Ziel erreiche?" Dadurch wirkt es handlungsauslösend und versetzt Sie in einen aktionsfähigen Zustand.

Ziel- statt problemorientiert denken und handeln 3.2

3. **Sinnesspezifische Beschreibung:** Angenommen, Sie haben Ihr Ziel bereits erreicht: Was sehen, hören, fühlen, riechen und/oder schmecken Sie?

4. **Umfeld und Zeitschiene bestimmen:** In welchem Umfeld verwirklichen Sie Ihr Ziel? Bis wann? Wo? Mit wem? Statt: „Irgendwann habe ich ..." besser: „Am 00.00.00 (Tag, Monat, Jahr einsetzen) habe ich ..." formulieren.

5. **Konsequenzen berücksichtigen:** Alles hat seinen Preis! Was wird sich für Sie ändern? Was geben Sie auf? Was erhalten Sie? Ungeklärte Ökologiefragen im Sinne von persönlichen Ressourcen sind oft der Grund für bewusstes oder unbewusstes Boykottieren. Prüfen Sie, ob es innere Vorbehalte oder Zweifel gibt.

6. **Überprüfbar:** Woran werden Sie erkennen, dass Sie Ihr Ziel erreicht haben? Meist sind dies die sinnlichen Wahrnehmungen aus Punkt drei.

7. **Gretchenfrage:** Wollen Sie sich tatsächlich für dieses Ziel „quälen"? Ist es das wert? Sind Sie bereit, den Preis der Veränderung zu bezahlen? Wofür wollen Sie sich unter Umständen sogar verausgaben? Wollen Sie mit dem Ziel etwas erreichen oder vermeiden?

8. **Etappensiege festlegen:** Was sind die ersten konkreten Schritte zum Ziel?

Ein Praxisbeispiel

Das sich anschließende Beispiel illustriert, wie im beruflichen Alltag mit den oben genannten Gütekriterien Ziele gemeinsam erarbeitet werden. Gleichzeitig erleben Sie, wie Ausbildungsbeauftragter Frühling seinen Auszubildenden Sommer im Hinblick auf die bevorstehende Abschlussprüfung coacht.

Ausgangssituation

Der Auszubildende Sommer ist gerade „mit Pauken und Trompeten" durch die Zwischenprüfung gefallen. Während er auf den Treppenstufen vor dem IHK-Gebäude über seine

3 Sich und Auszubildende motivieren

Situation nachdenkt, fallen ihm all seine „Sünden" ein: Zahlreiche Partys, Discobesuche bis zum frühen Morgen und etliche Nebenjobs nach Feierabend, um das luxuriöse Leben zu finanzieren, bestimmten in den letzten Monaten seine Freizeit. Da blieb keine Zeit zum Lernen. Die „Quittung" hält er jetzt in seinen Händen. Allein bei dem Gedanken, Ausbilder Frühling dieses Zwischenzeugnis vorlegen zu müssen, graust es ihm. In dieser verzweifelten Situation beschließt er, eine weitere ähnliche Blamage zu vermeiden. Geknickt wie ein Vogel legt er am nächsten Tag seinem Ausbilder das Zwischenzeugnis vor und sagt: „Herr Frühling, es tut mir Leid, dass ich Ihnen trotz Ihres Engagements so ein Zwischenzeugnis vorlegen muss. Ich weiß, dass es an meinem ausschweifenden Freizeitleben liegt. Deshalb habe ich beschlossen, dass so etwas nicht noch einmal vorkommt. Ich wäre Ihnen sehr dankbar, wenn Sie mich bei meinem Vorhaben unterstützen."

Positive „Denke" eröffnet neue Handlungsoptionen

Kommentar: Der Auszubildende Sommer ist sich über seine Situation im Klaren. Daraus resultiert seine Bereitschaft zur Aktivität. Allerdings besteht momentan seine Motivation darin, eine zukünftige Situation zu vermeiden. Erst ein positiv formuliertes Ziel rüttelt die „Denke" wach, erweitert den Blick und eröffnet neue Handlungsoptionen. Hier liegt für Ausbilder Frühling der Ansatzpunkt.

Intervention des Ausbilders Frühling: „Ich finde es gut, dass du über deine Situation nachgedacht hast. Wie du dir sicherlich denken kannst, bin ich von deinem Zwischenzeugnis ebenfalls nicht erbaut. Deshalb freue ich mich, von dir zu hören, dass du dich ändern willst. Gern werde ich dich bei deinem Vorhaben unterstützen, zumal ich fest davon überzeugt bin, dass du das ‚Zeug' dazu hast. Und damit ich weiß, wie ich an deinem ‚Projekt' mitwirken kann, möchte ich von dir erfahren, was du konkret erreichen möchtest." (= Gütekriterium 1)

Auszubildender Sommer: „Na ja, wie bereits angedeutet, will ich bei der Abschlussprüfung nicht durchfallen."

Kommentar: Bei dieser Zielformulierung handelt es sich um eine Negation. Mit anderen Worten: Der Auszubildende beschreibt, was er nicht erreichen will. Das dramatische an dieser Zielformulierung ist, dass das Gehirn eine Nicht-Anweisung nicht ausführen kann.

Testen Sie dies: Denken Sie jetzt keinesfalls an den Eiffelturm in Paris! Na, woran denken Sie? Wenn Sie aufgefordert werden, an etwas Bestimmtes nicht zu denken, dann reagiert Ihr Gehirn wie ein Flipperautomat, dessen Funktionsfähigkeit durch zu heftiges Drücken der seitlich angebrachten Knöpfe vorübergehend außer Kraft gesetzt wurde: Ihr Gehirn tilgt das negative Vorzeichen. Die Nicht-Anweisung „rollt ins Leere". Um sich etwas nicht vorzustellen, müssen Sie es sich erst einmal vorstellen. Erst über diesen Umweg registrieren Sie, dass Sie bereits etwas „Verbotenes" tun. In der Ballade „Der Zauberlehrling" von Johann Wolfgang von Goethe heißt es sehr treffend: „Die ich rief, die Geister, werd ich nun nicht mehr los." Sätze mit einem Vorzeichen wie „nicht" oder „keinesfalls" sind negative Botschaften. Ohne das Äußern einer positiven Alternative sind die Änderungschancen des negativen Gedankenkarussells gering. Bezogen auf das Fallbeispiel wird der Ausbilder den Auszubildenden motivieren, sein Vorhaben positiv zu formulieren. Erst diese gedankliche Alternative lässt den Auszubildenden Mut schöpfen und „reißt das Ruder rum", was dazu führt, dass er all seine Antriebskräfte befreit und gebündelt auf das selbst gesetzte Ziel konzentrieren kann.

Ausführung von Nicht-Anweisungen

Intervention des Ausbilders Frühling: „Okay, ich habe gehört, dass du bei der Abschlussprüfung nicht durchfallen willst. Damit beschreibst du, was du vermeiden willst. Aber was willst du konkret erreichen? Was ist dein eigentliches Ziel?" (= Gütekriterium 1)

Auszubildender Sommer: „Ich ahne, worauf Sie hinaus wollen. Wenn ich es mir recht überlege, will ich die Abschlussprüfung bestehen, und zwar mit einer Zwei im schriftlichen und mündlichen Prüfungsteil."

(Lern-)Ziele positiv formulieren

Kommentar: Dieses Ziel ist positiv formuliert und enthält weder Negationen noch Vergleiche. Gleichzeitig ist mit dieser Formulierung sichergestellt, dass der Auszubildende unabhängig von anderen Personen durch einen angemessenen Lern-Einsatz sein Ziel erreichen kann. (= Gütekriterien 1 plus 2)

3 Sich und Auszubildende motivieren

Intervention des Ausbilders Frühling: „Ah, das ist also dein Ziel. Angenommen, du hast dein Ziel bereits erreicht. Dir wird gerade im Moment das Abschlusszeugnis im Rahmen der IHK-Feier vom Prüfungsausschussvorsitzenden überreicht. Was nimmst du augenblicklich wahr?" (= Gütekriterium 3)

Zielzustand sinnesspezifisch beschreiben

Auszubildender Sommer: „Nun ja, ich sehe einen großen Raum, in dem Kollegen von mir sitzen und das Geschehen verfolgen. Sie sind auch da, Herr Frühling. In dem Moment, wo mir der Prüfungsausschussvorsitzende den Kaufmannsgehilfenbrief überreicht und ich Ihnen nonverbal signalisiere, dass ich zweimal eine Zwei bekommen habe, lächeln Sie. Ich höre, wie der Prüfungsausschussvorsitzende mir herzlich gratuliert, was mich erleichtert und stolz auf meine erbrachten Leistungen macht. Ich freue mich, dass ich es geschafft habe. Ich rieche bereits das gute Essen, das im Foyer steht und dessen Duft durch die Türritzen zieht. Mir läuft förmlich das Wasser im Mund zusammen."

Kommentar: Diese sinnesspezifische Beschreibung einer vorweggenommenen Situation ist perfekt. Je häufiger der Auszubildende diese Wahrnehmungen belebt, je häufiger er davon „träumt", „es" bereits geschafft zu haben, desto stärker programmiert er sein Unterbewusstsein auf das Erreichen seines Zieles. Wenn dieses Ziel im Unterbewusstsein verankert ist, wird es den Auszubildenden wie ein „Autopilot" zum Ziel führen. Diese Art des mentalen Trainings wird im Sport schon lange sehr erfolgreich praktiziert.

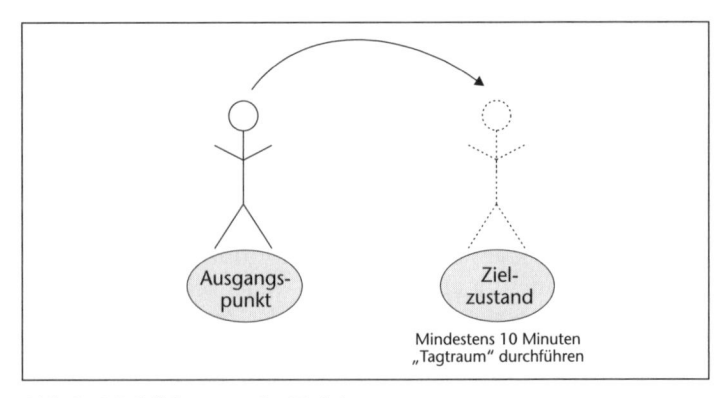

Abb. 9: Modell des mentalen Trainings

Ziel- statt problemorientiert denken und handeln 3.2

Wenn es einer Person trotz mehrmaliger Versuche nicht gelingt, sich mindestens zehn Minuten mental in den gewünschten Ziel-Zustand zu versetzen (s. Abb. 9), kann dies ein Hinweis für ein „falsch" formuliertes Ziel sein. Dies trifft auch auf Personen zu, die ihr mentales Training immer wieder unterbrechen: Die einen vermeiden von vornherein den unangenehmen Kontakt mit dem unbewusst unerwünschten Ziel, die anderen flüchten nach kurzer Zeit. Das ist auch gut so, da sie feststellen, dass es (noch) nicht „ihr" Ziel ist. Motivation entsteht zwar im Kopf, aber das Herz muss damit klarkommen. In solchen Fällen ist es sinnvoll am Ziel so lange zu feilen, bis es der betreffenden Person gelingt, sich mental in den gewünschten Ziel-Zustand zu versetzen.

Motivations-Check

Intervention des Ausbilders Frühling: „Auf Grund deiner plastischen Schilderung nehme ich wahr, dass du konkrete Vorstellungen mit deiner Abschlussprüfung verbindest. Bis es so weit ist, hast du fast ein Jahr Zeit zum Vorbereiten. Wie willst du diese Zeit nutzen?" (= Gütekriterium 4)

Auszubildender Sommer: „Auf alle Fälle werde ich mehr lernen als bislang."

Kommentar: Die Aussage „mehr lernen" ist unspezifisch und zieht keine greifbaren Handlungen nach sich.

Intervention des Ausbilders Frühling: „Okay, wie sieht das konkret aus? Wann wirst du wo und vor allem wie lange lernen?" (= Gütekriterium 4)

Auszubildender Sommer: „Muss ich mich jetzt schon festlegen? Da kann doch immer mal was dazwischenkommen."

Intervention des Ausbilders Frühling: „Was deine Frage betrifft, lautet meine Antwort eindeutig: Nein. Du entscheidest, ob, wann, wo und wie lange du lernen willst. Schließlich geht es um deine Abschlussprüfung. Darf ich dir in diesem Zusammenhang einen Hinweis geben?"

Auszubildender Sommer: „Na klar, Herr Frühling. Im Moment kann ich jeden Tipp gebrauchen."

Intervention des Ausbilders Frühling: „Wenn du in deiner Terminplanung keine festen Lernzeiten reservierst, kann es leicht passieren, dass dich deine Gewohnheiten ‚überrollen'. Ähnlich wie sich das Geld zum Monat verhält – du weißt ja, am Ende des Geldes ist oftmals so viel Monat übrig –, entpuppt sich das Verhältnis zwischen Lernzeit und Lernstoff: Bevor du dich umschaust, ist das Jahr vorbei, und du stehst kurz vor der Abschlussprüfung. Was meinst du dazu?" (= Gütekriterium 4)

Umfeld und Zeitschiene bestimmen

Auszubildender Sommer: „Ich weiß, worauf Sie hinauswollen. Ich lerne jeden Dienstag- und Donnerstagabend in der Zeit von 17.30 bis 18.30 Uhr zu Hause an meinem Schreibtisch. Ist es möglich, dass Sie mir Aufgaben stellen, die ich in dieser Zeit bearbeite?"

Intervention des Ausbilders Frühling: „Diesen Beitrag leiste ich gern. Allerdings unter der Bedingung, dass du mir am nächsten Tag die Aufgaben zum Korrigieren vorlegst. Ist das für dich in Ordnung?" (= Gütekriterium 6)

Auszubildender Sommer: „Das ist eine super Idee, Herr Frühling. Dadurch habe ich einen zusätzlichen Ansporn, die mit mir selbst vereinbarten Lernzeiten einzuhalten."

Konsequenzen berücksichtigen

Intervention des Ausbilders Frühling: „Wie du weißt, hat alles seinen Preis. Vorausgesetzt, du fängst in der nächsten Woche an zu lernen. Was wird sich dadurch verändern? Was wirst du einerseits aufgeben? Was wirst du andererseits erhalten?" (= Gütekriterium 5)

Auszubildender Sommer: „Einerseits schränke ich meine ausgiebigen Disco-, Party- und Kinobesuche ein. Und natürlich übe ich meinen Nebenjob am Dienstag- und Donnerstagabend nicht mehr aus. Das ist aber okay, da ich durch meine Lernphasen keine Zeit habe, Geld auszugeben. Übrigens, eine willkommene Begleiterscheinung. Andererseits gewinne ich durch mein Lernen die Zuversicht, am Ende der Berufsausbildung die Abschlussprüfung zu bestehen. Das kontinuierliche Besprechen der Aufgaben mit Ihnen hilft mir, meinen Kenntnisstand besser zu erkennen und zu überprüfen, ob ich noch ‚auf Kurs bin'. Ich mache Fortschritte und freue mich darüber. Des Weiteren beweise ich mir, dass ich in der Lage bin, die Abschlussprüfung mit Bravour zu bestehen. Dadurch verbessern sich meine Chancen auf dem Arbeitsmarkt." (= Gütekriterien 5 plus 7)

Ziel- statt problemorientiert denken und handeln 3.2

Kommentar: Durch diverse Interventionen ist es dem Ausbilder gelungen, den Auszubildenden anzuregen beziehungsweise zu motivieren, ein lohnendes Ziel anzustreben (Abschlussprüfung mit Bravour zu bestehen), statt eine Situation vermeiden zu wollen (durch die Abschlussprüfung fallen). Wie bereits eingangs erwähnt, schöpft eine Person aus bejahenden Zielen Mut und die dazugehörige Portion „Power". Allerdings liegt das selbst gesetzte Ziel des Auszubildenden Sommer in der Ferne. Erst in einem Jahr wird er erfahren, ob seine Anstrengungen belohnt werden. Daher ist es empfehlenswert, auf dem Weg zum „großen" Ziel Teilziele zu definieren (s. Abb. 10).

Etappensiege festlegen

Diese Etappensiege haben zwei Vorteile:

1. Das große, in der Ferne liegende Ziel wird durch das „Herunterbrechen" in Etappen kleiner und dadurch leichter vorstell- und erreichbar.

2. Durch das Erreichen der Etappensiege wird das Selbstwertgefühl des Auszubildenden mehr und mehr aufgebaut und bestätigt ihn in seinem Vorhaben. Vor dem Hintergrund dieser Erfolgskette wird ein eventuell auftretendes Misserfolgserlebnis leichter verkraftet und relativiert.

Intervention des Ausbilders Frühling: „Deine große Herausforderung, sprich deine Abschlussprüfung, findet erst in einem knappen Jahr statt. Ist es für dich im Hinblick auf deine Motivation sinnvoll, dass du dir auf dem Weg dorthin Teilziele steckst?" (= Gütekriterium 8)

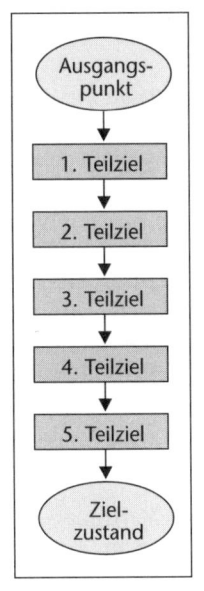

Abb. 10: Teilziele definieren

Auszubildender Sommer: „Woran denken Sie, Herr Frühling?"

Intervention des Ausbilders Frühling: „Zum Beispiel stelle ich mir vor, dass du die nächsten Arbeiten in der Berufsschule mit Bravour bestehst. Sie werden dein Selbstwertgefühl mehr und mehr aufbauen und dich in deinem Vorhaben bestätigen. Außerdem sind sie für dein Projekt der Beweis, dass du auf dem richtigen Weg bist. Was meinst du dazu?" (= Gütekriterium 8)

Auszubildender Sommer: „Das ist eine sehr gute Idee, Herr Frühling. Schon in vier Wochen schreiben wir in Fachkunde eine Arbeit. Die bestehe ich mit einer Zwei."

Ergänzende Hinweise zum Coachingprozess

Hier endet das Praxisbeispiel und der Coachingprozess zwischen Ausbilder Frühling und Auszubildender Sommer. Abschließend noch einige ergänzende Hinweise zum Fallbeispiel:

Die richtige Intervention

▶ Gelegentlich kommt es vor, dass ein Coachingprozess nicht so „musterhaft" abläuft wie im Praxisbeispiel dargestellt. Einerseits erhalten Sie Antworten vom Auszubildenden auf Gütekriterien, nach denen Sie noch gar nicht gefragt haben. Andererseits geraten Sie vielleicht ins Stocken. Nehmen Sie sich in solchen Phasen die Zeit, über Ihre nächste Intervention nachzudenken. Beachten Sie dabei, dass Ihre Interventionen einzig und allein dem Interesse des Auszubildenden dienen sollen. Fragen Sie sich: „Ist meine nächste Intervention im Hinblick auf das Ziel nützlich?" Wenn nicht, wählen Sie eine andere. Falls Sie nicht weiterwissen, haben Sie den Mut, den Prozess abzubrechen. Erklären Sie kurz Ihr Handeln dem Auszubildenden. Er wird dafür Verständnis zeigen. Sie können nach Absprache jederzeit den Prozess fortsetzen.

Hilfe zur Selbsthilfe

▶ Vertrauen Sie auf die Kompetenz Ihres Auszubildenden. Jeder Auszubildende verfügt über die Ressourcen, die er für eine künftige Veränderung benötigt. Jedes Problem beinhaltet die Chance, durch die aktive Auseinandersetzung mit der Situation ein Stück zu wachsen. Es wäre für Ihren Auszubildenden eine verpasste Lern- und Entwicklungschance, wenn Sie in solchen Situationen als „Besserwisser" statt als „wandelnder Fragenkatalog" agieren. Ihre Aufgabe ist es, den Auszubildenden immer wieder durch Fragen zu inspirieren, selbst einen Lösungsweg zu entwickeln. Ziel aller Interventionen ist die „Hilfe zur Selbsthilfe". Dadurch unterstützen Sie seinen Lern- und Entwicklungsprozess.

Ziel- statt problemorientiert denken und handeln 3.2

▶ Wenn es Ihnen darum geht, kurz, schnell und präzise Antworten einzuholen, stellen Sie geschlossene Fragen. Zum Beispiel: „Darf ich dir in diesem Zusammenhang einen Hinweis geben?" Eine andere Form, ein Gespräch auf den Punkt zu bringen oder eine Entscheidung zu erreichen, sind Alternativfragen: Sie offerieren dem Gesprächspartner zwei oder mehrere Alternativen, aus denen er wählen kann. Geht es Ihnen darum, die Sichtweisen oder Kenntnisse des Befragten zu erfahren, stellen Sie offene Fragen, auch W-Fragen (was, wie, wann, wo, wozu, wer, womit) genannt. Zum Beispiel: „Wie willst du deine Vorbereitungszeit nutzen?" Schauen Sie sich auch die nachstehende Tabelle an.

Die richtigen Fragen

Stellen Sie die richtigen Fragen		
„Werde ich die Prüfung schaffen?"	besser:	**Wie** schaffe ich die Prüfung?
		Diese Frage schließt ein Scheitern aus. Das **WIE** lässt Sie nach Möglichkeiten suchen.
Warum bin ich durch die Prüfung gefallen?	besser:	**Wie** bestehe ich die nächste Prüfung?
	WIE statt WARUM	Das **WIE** sucht nach Lösungen, das **WARUM** nach Entschuldigungen. Das **WIE** ist zielorientiert, das **WARUM** führt in die Vergangenheit (in der nichts mehr zu verändern ist). Was können Sie jetzt tun?
Ob – Warum – Wie?	Die richtige Frage zum richtigen Zeitpunkt	Wenn Sie eine Entscheidung treffen, fragen Sie nach dem **Ob** (Startfrage). Dahinter stellt sich für Sie die Frage nach dem **Warum** (Sinnfrage). Warum sollen Sie etwas tun? Welche Gründe sprechen dafür? Das **Wie** (Strategiefrage) ist zu diesem Zeitpunkt uninteressant. Es wird sich später finden.

Achten Sie auf Vegleiche ▶ Noch ein Hinweis zum Vergleich (s. Gütekriterium 1): Erinnern Sie sich an den Werbespot einer großen inländischen Bank? Zwei alte Jugendfreunde treffen sich nach langer Zeit in einem Lokal wieder und präsentieren sich nacheinander ihre Erfolgsstorys: „Mein Haus, mein Auto, mein Boot." Während der erste Jugendfreund beim Hinlegen seiner Fotos noch „stolz wie ein Spanier" lächelt, fällt ihm beim Anblick der Bilder vom Gegenüber die Kinnlade herunter. Warum? (Erst) Durch diesen Vergleich gelangt er zu der Überzeugung, dass seine Werte nicht mithalten können, da sein Jugendfreund diese übertrumpft hat. Sein Gefühl des Stolzes schlägt um in Frustration. Diese Gefahr besteht generell beim Aufstellen von Vergleichen. Der Betreffende muss unter Umständen feststellen, dass er nie das erreicht, was der andere erreicht hat. Andererseits gibt es Menschen, die sich durch Vergleiche anspornen lassen. Dies ist im Einzelfall zu beachten.

Konstruktivfragen ▶ Angenommen, Ihr Auszubildender sagt nach einer Unterweisung „Das habe ich nicht verstanden" oder „Das werde ich nie verstehen", gehen Sie folgendermaßen vor: Bevor Sie den Sachverhalt erneut erklären, stellen Sie wahlweise nachstehende Konstruktivfrage:

- ❑ Was hast du bereits verstanden?
- ❑ Woran erkennst du, dass du es verstanden hast?
- ❑ Was genau willst du verstehen?
- ❑ Was kannst du tun, um es zu verstehen?
- ❑ Woher weißt du, dass du eine Wiederholung brauchst?

Mit solchen Fragen rücken Sie das Ziel wieder ins Zentrum des Geschehens. Sie führen den Auszubildenden in einen ressourcenvollen Zustand. Er kann sich auf seine Fähigkeiten konzentrieren. Fragen Sie Ihren Auszubildenden bei allen Bedenken, Problemen, einschränkenden Überzeugungen, die er in Ihrer Gegenwart äußert: „Was willst du stattdessen?"

Erfolgserlebnisse, die das Selbstvertrauen und Selbstwertgefühl stärken, sind das Ergebnis solcher Qualifizierungsprozesse. Sie bilden die Basis für lebenslanges statt lebenslängliches Lernen.

> **Bitte denken Sie daran:**
>
> Der Lösungsweg des anderen ist der Weg des anderen.

3.3 Das Yin-Yang-Prinzip der Motivation

„In der Welt lernt der Mensch nur aus Not oder Überzeugung."
(Johann Hermann Pestalozzi)

„Ohne Mampf kein Kampf" brüllt der Spieß bei der Bundeswehr, während er die mit Erbseneintopf gefüllte Suppenkelle durch die Luft wirbelt und millimeterscharf in das frisch geputzte, oliv getarnte Bw-Kochgeschirr platziert. Ähnlich verhält es sich bei Lernprozessen. Salopp formuliert: Ohne (Lern-)Power keine (Lern-)Action. Mit anderen Worten: Voraussetzung für Lernerfolg ist Motivation. Die wiederum ist abhängig von der persönlichen Einstellung. Leistungsbereitschaft ist immer Sache des Einzelnen. Auf eine kurze Formel gebracht heißt Motivation: „Ich will!" Dieses Verständnis von Motivation beinhaltet auf der Handlungsebene die Selbstverantwortung nach dem Motto: „Ich tue es!" Dieses Wollen und Tun können Sie als Ausbilder/-in unterstützen, und zwar mit Hilfe des Yin-Yang-Prinzips der Motivation. Die Fragen, die sich verständlicherweise anschließen, lauten: Worum geht es beim Yin-Yang-Prinzip der Motivation, wie funktioniert es und wie können Sie es in den betrieblichen (Ausbildungs-)Alltag integrieren?

Motivation heißt „Ich will"

Zwei Arten von Motivation beeinflussen das Verhalten

Alles, was Sie bisher über Motivation gelesen, gehört und erfahren haben, können Sie trotz der problematischen Verkürzung auf zwei wesentliche Prinzipien reduzieren:

Schmerz vermeiden plus **Freude gewinnen**

sind die zwei Hauptantriebsfedern in Ihrem Leben, die Sie motivieren beziehungsweise zum Handeln bewegen.

Das „Schmerz-Prinzip"

Bei dem „Schmerz-Prinzip" oder der „Weg-von-Motivation" bewegen Sie sich von dem weg, was Sie nicht wollen. Warum? Weil die betreffende Sache in Ihnen Druck, Stress oder Kummer auslöst und Sie ängstlich macht oder Ihnen „Schmerzen" vermittelt. Zum Beispiel: Der Auszubildende Meier kopiert regelmäßig die Berichtshefte von einem Berufsschulkollegen, weil es ihn nervt, diese selbst anzufertigen.

Das „Freude-Prinzip"

Das „Freude-Prinzip" oder die „Hin-zu-Motivation" beschreibt den gegenteiligen Effekt: Sie arbeiten auf ein Ziel hin, weil es Ihnen Freude, Spaß und Lust bereitet. Zum Beispiel: Der Auszubildende Meier schreibt kontinuierlich seine Berichtshefte, weil er dadurch seine berufsspezifische Tätigkeit reflektiert und vor dem Hintergrund des Ausbildungsrahmenplans Lücken und Fortschritte erkennt. Auf dieser Basis führt er regelmäßig Gespräche mit seinem Ausbilder, was wiederum seinen Lernprozess stimuliert.

> **Quizfrage:**
>
> Welches Bedürfnis ist im Hinblick auf das menschliche Handeln der stärkere Motivator? Handelt der Mensch primär, um Freude zu gewinnen oder um Schmerzen zu vermeiden?

Erkenntnisse der Motivationspsychologie

Aus der Motivationspsychologie stammen dazu folgende Erkenntnisse:

▶ Der Mensch assoziiert bewusst oder unbewusst mit seinem Handeln positive oder negative Gefühle.

▶ Dabei steht das Vermeiden von Schmerz, Druck oder Angst an erster Stelle, weil es sich hierbei in der Regel um ein akutes, drängendes Gefühl handelt.

▶ Im Gegensatz dazu liegt das Gewinnen von Freude meist in der Zukunft und erscheint eher ungewiss. Mit anderen Worten: Die Aufgabe wird heute erledigt; doch wann erfolgt die Belohnung?

- Wenn die Angst vor der Konsequenz nicht ein noch stärkeres Gefühl auslöst, haben aktuelle Gefühle immer Vorrang.
- Muss der Mensch sich zwischen zwei negativen Gefühlen entscheiden, dann wählt er meist jenes, welches subjektiv weniger unangenehm zu sein scheint.

Ein Beispiel: Denken Sie in diesem Zusammenhang an den Auszubildenden Meier, der sich entscheiden muss, ob er weiterhin an dem Gespräch mit seinen Kollegen in der Kantine teilnimmt oder aufsteht, um in seine Ausbildungsabteilung zurückzukehren. In dieser Situation verbindet der Auszubildende sowohl mit dem Gespräch als auch mit seiner Arbeit in der Abteilung ein subjektives Gefühl. Angenommen, das Gespräch wird vom Auszubildenden positiver bewertet (= Freude gewinnen) als die zu erledigende Arbeit (Schmerz vermeiden), ist es höchst wahrscheinlich, dass der Auszubildende später als erwartet in die Abteilung zurückkehrt. Wenn der Auszubildende allerdings das Gespräch in der Kantine gelangweilt verfolgt (= Schmerz vermeiden) und aus seiner Perspektive eine interessante Arbeit in der Abteilung auf ihn wartet (= Freude gewinnen), wird er frühzeitig am Arbeitsplatz auftauchen.

Stellen Sie sich des Weiteren folgende Situation vor: Im Vergleich zum Gespräch in der Kantine findet der Auszubildende die Arbeit in der Abteilung langweilig. Andererseits wurde der Auszubildende bereits zweimal wegen Unpünktlichkeit schriftlich verwarnt. Bei einem weiteren Fehlverhalten dieser Art drohen ihm bekannte Konsequenzen. In diesem Fall wird der aktuellen Emotion (= Freude gewinnen durch Teilnahme am Gespräch) nicht nachgegeben, weil die Angst vor der Konsequenz ein noch stärkeres Gefühl auslöst.

In der letzten Variante findet der Auszubildende weder das Gespräch noch die Arbeit in der Abteilung interessant. Am liebsten würde er beide Situationen – die er als unangenehm und „schmerzvoll" empfindet – vermeiden, wenn da nicht die zwei schriftlichen Verwarnungen wären. Diese motivieren ihn letztendlich, die Abteilung pünktlich aufzusuchen.

3 Sich und Auszubildende motivieren

Fazit: Menschen verfolgen (selbst gesetzte) Ziele besonders diszipliniert, wenn Sie einerseits das Erreichen der Ziele mit positiven Gefühlen verbinden und andererseits es sehr schmerzhaft für sie wäre, die Ziele nicht zu erreichen.

Ziele mit Freude plus Konsequenzen koppeln

Wenn Sie es schaffen, Ziele mit positiven Motivationsanreizen und negativen Konsequenzen im Sinne eines konstruktiven Drucks im richtigen Verhältnis zu koppeln, werden Sie sich und ihre Auszubildenden zu Höchstleistungen führen. In der Balance zwischen diesen beiden Polen – Yin und Yang – liegt letztendlich das Geheimnis der Motivation.

Yin-Yang-Philosophie

Das Yin-Yang-Symbol – von einem Kreis umschlossenes, in eine helle und eine dunkle Hälfte geteiltes Zeichen – entspringt einer alten chinesischen Naturphilosophie. Yin und Yang werden als zwei Polaritäten verstanden. Sie sind in ihrer Beziehung gegensätzlich, jedoch sind sie voneinander abhängig, weil sie sich gegenseitig ergänzen. Yang ist der aktive Aspekt und wird verknüpft mit Vorstellungen von Helligkeit, Himmel, Männlichkeit, Intellekt und Ähnliches. Mit Yin wird beispielsweise Dunkelheit, Erde, Weiblichkeit, Gefühl verbunden. Alle Erscheinungen und Veränderungen des Lebens haben sowohl einen Yin- als auch einen Yang-Charakter. Phänomene wie Tag und Nacht, Aktivität und Ruhe, das Ein- und Ausatmen, Lampenfieber/Nervosität und souveränes Präsentieren, Selbstbestimmung und Selbstverantwortung, das Geben und Nehmen auf allen Gebieten lassen sich aus dem wechselseitigen Zusammenspiel von Yin und Yang ableiten. Die Lebenskunst wird im Zeichen von Yin und Yang darin gesehen, dass man beide Polaritäten ins Gleichgewicht bringt, weil das eine nicht ohne das andere existieren kann.

Das Yin-Yang-Prinzip der Motivation vereinigt die beiden unterschiedlichen Antriebsfedern des Handelns, die jeweils 50 Prozent der menschlichen Energie verkörpern. Diese Kombination aus Freude gewinnen und Schmerz vermeiden ist vergleichbar mit einem Big-Mäc: Die Ziele, die in der Mitte liegen, sind von „Freude" sowie von „Konsequenzen" umgeben und lösen beim Zupacken einen Druck im Sinne von „Sog" aus: Sie können einfach nicht widerstehen.

Das Yin-Yang-Prinzip der Motivation 3.3

Mit dem Wissen um die Polarität des Lebens haben Sie die Möglichkeit, aktiv in den Motivationsprozess einzugreifen. Beides ist wichtig: Ziele mit Freude plus Konsequenzen bei Nicht-Erreichen/Nicht-Einhalten zu verbinden. Warum? Wenn Sie sich ein Ziel setzen – zum Beispiel gesundes Ernähren – und nichts passiert, wenn Sie weiterhin massenweise Pommes mit Mayo-Ketschup und andere fettige Leckereien essen – warum sollten Sie sich dann überhaupt ein Ziel setzen? Insofern lautet die eingangs zitierte Aussage von Johann Hermann Pestalozzi, einem berühmten Pädagogen im 18./19. Jahrhundert, in der aktuellen Version: „In der Welt lernt der Mensch aus Not und Überzeugung." Jedoch müssen diese beiden polaren Kräfte in einem ausgewogenen Motivationsmix sein, um das wechselseitige Zusammenspiel zu gewährleisten.

Motivations-Mix

Zu den Elementen der „Freude-Motivation" gehören beispielsweise Zielbeschreibungen, Vergünstigungen, jegliche Formen von Anerkennung, die Sie (sich) geben, und Herausforderungen. Eine Möglichkeit, eine „öde" Aufgabe (z.B. Stammdaten pflegen) leichter zu meistern, besteht darin, sie schwieriger zu gestalten. Verwandeln Sie eine langweilige Aufgabe in ein spannendes Spiel, erfinden Sie Regeln, setzen Sie Ziele, starten Sie einen Wettlauf gegen die Uhr oder eine andere Person. Hören Sie parallel Sprach- oder Fachkassetten.

Elemente der „Freude-Motivation"

Zu den Elementen der „Druck-Motivation" gehören beispielsweise mündliche und schriftliche Ermahnungen, Verwarnungen sowie Abmahnungen. Auch die Beurteilung gehört zu diesem Instrumentarium. Beschreiben Sie das tatsächliche Fehlverhalten und verfallen Sie nicht – wie es vielfach zum Abschluss einer Ausbildungsphase vorkommt – in eine „Friede-Freude-Eierkuchen-Mentalität". Warum sollte sich ein Auszubildender ändern, wenn er trotz erheblicher Mängel eine gute Beurteilung erhält? „Jegliche Inkonsequenz ermöglicht es dem Gegenüber, sich nicht mit seinem Anteil an dem Problem auseinandersetzen zu müssen, fördert weitere Passivität und führt damit aller Erfahrung nach zu einer Verfestigung des problematischen Verhaltens" (GÜHRS/NOWAK 1995, S. 191). Mit anderen Worten: Ein Auszubildender müsste mit dem Klammerbeutel gepudert worden sein, wenn er seine

Elemente der „Druck-Motivation"

Erfolgsstrategie ohne Anlass ändern würde. Einerseits werden auf diese Weise nicht nur die „Flachpfeifen" protegiert, sondern auch die Auszubildenden in ihrem Selbstwertgefühl verletzt, die von sich aus motiviert und engagiert sind. Andererseits berauben Ausbilder in solchen Fällen aus Bequemlichkeit, Angst, Unsicherheit, Konfliktscheu oder sonstigen Motiven den Auszubildenden um eine Lernchance. „Jeder Mensch hat das Recht, die Folgen des eigenen Verhaltens selbst herauszufinden und zu erleben, was das für ihn bedeutet. Manchmal ist das auch bei erwachsenen Personen ein unausweichlicher Schritt" (GÜHRS/NOWAK 1995, S. 191). Das Prinzip lautet: Yin und Yang.

Zuckerbrot und Peitsche? Fühlen Sie sich durch das Yin-Yang-Prinzip an die Uralt-Formel „Zuckerbrot und Peitsche" erinnert? Es gibt einen gravierenden Unterschied: Das („pädagogische") Handeln im Rahmen von „Zuckerbrot und Peitsche" unterlag der Willkür der jeweiligen Führungskraft. Diese Art von Motivation setzt einen Menschen unter Druck und quetscht ihn wie eine Zitrone aus. Das pädagogische Handeln im Rahmen des Yin-Yang-Prinzips basiert auf Berechenbarkeit, da die Konsequenzen nicht „aus heiterem Himmel" erfolgen, sondern der zu motivierenden Person von Anfang an bekannt sind. Bitte vergleichen Sie es mit dem Fußballspielen: Jeder Spieler weiß, dass er mit einer gelben oder sogar roten Karte beim Foulspielen rechnen muss. Diese auf Absprache basierenden transparenten Regeln gewährleisten ein faires Miteinander auf dem Fußballplatz.

Tipp

Klären Sie beim Vereinbaren von Absprachen, was passiert, wenn einer der Beteiligten diese nicht einhält. Vorteil: Von Anfang an sind die Konsequenzen allen Beteiligten bekannt.

Ein Praxisbeispiel

In einem großen Unternehmen der Mineralölindustrie beschließt der Vorstand eine organisatorische Umstrukturierung. Diese Reorganisation hat zur Folge, dass nach Abschluss des Prozesses einige Außenverkaufsstellen nicht mehr existieren. Im Zuge dieses Verfahrens wird der Auszubildende Meier, der vor einem halben Jahr in „Jota" mit seiner Ausbildung begonnen hat, darüber informiert, dass „seine" Außenverkaufsstelle geschlossen wird. Gleichzeitig wird ihm angeboten, die verbleibenden zwei Jahre seiner Berufsausbildungszeit in der Hauptverwaltung in „Korolla" abzuleisten. Sein Ausbildungsbeauftragter Schulz will vor dem Hintergrund seiner beruflichen Erfahrung den Auszubildenden mit Hilfe des Yin-Yang-Prinzips motivieren, die Ausbildung in der Hauptverwaltung fortzusetzen.

Nach reiflicher Überlegung führt er mit dem Auszubildenden Meier ein Gespräch. Darin zeigt er dem Auszubildenden die Vorteile (= Freude erzeugen), die mit dem Fortsetzen der Ausbildung in „Korolla" verbunden sind. Zu diesen Vorzügen gehören beispielsweise, dass der Auszubildende **Vorteile aufzeigen**

▶ dem gewohnten Umfeld entschlüpft und sich vom Elternhaus abnabelt, was seine Eigenständigkeit fördert,

▶ seinen Horizont in der Zentrale des Unternehmens erweitert, weil er dessen Kultur und Sprache kennen lernt,

▶ neue Menschen, Ansichten, Umgebungen und Chancen entdeckt,

▶ seine Mobilität und Flexibilität unter Beweis stellt, was seine Berufsbiographie attraktiv macht,

▶ den bereits eingeschlagenen Weg zu Ende geht und die Möglichkeit hat, nach Abschluss der Ausbildung in der Zentrale einen Arbeitsplatz zu finden.

Andererseits verschweigt Ausbildungsbeauftragter Schulz nicht die Nachteile (= Konsequenzen aufzeigen), die mit dem Abbruch der Ausbildung verbunden sind. Hierzu gehören unter anderen, dass der Auszubildende **Nachteile aufzeigen**

▶ in der strukturschwachen Region seine Ausbildung in einem anderen Unternehmen unter Umständen nicht nahtlos fortsetzen kann, was einen zeitlichen und finanziellen Verlust beinhaltet,

- selbst im nächsten Jahr Schwierigkeiten bekommen könnte, ein passendes Ausbildungsplatzangebot zu finden, was ebenfalls einen zeitlichen und finanziellen Verlust impliziert,
- das Risiko einkalkulieren müsse, eine längere Zeit arbeitslos zu sein.

Klare Entscheidung

Vor dem Hintergrund dieser Vor- und Nachteile wird der Auszubildende entscheiden, ob er das Angebot in „Korolla" annimmt oder nicht. Um keine Missverständnisse aufkommen zu lassen: Es geht nicht darum, dem Auszubildenden Angst einzuflößen. Ziel des Gespräches ist es vielmehr, dass der Auszubildende nach Darlegung aller Fakten für sich eine profunde Entscheidung treffen kann und sich darüber im Klaren ist, dass mit jeder Entscheidung bestimmte Konsequenzen verbunden sind. „Was das Wählen so schwer macht, ist der Verzicht auf die abgewählte Möglichkeit", schreibt der Bestseller-Autor Reinhard K. Sprenger. Und weiter heißt es in seinem Buch „Das Prinzip der Selbstverantwortung": „Erst wenn wir die Alternative würdigen und uns dann in klarer Sicht zweier ernstzunehmender Möglichkeiten für den einen Weg entscheiden, dann hat die eine Entscheidung Kraft und Würde."

Grenzen des Motivierens

Dieses Praxisbeispiel zeigt, wo die Grenzen des Motivierens liegen: Sie können als Ausbildungsbeauftragter mit Ihrem Auszubildenden Ziele aufstellen und diese mit dem Yin-Yang-Prinzip der Motivation koppeln. Wie der Auszubildende letztendlich handelt, entscheidet er nach subjektiven Maßstäben ganz allein.

Mythos Motivieren

Wenn der Auszubildende partout nicht will, dann will er nicht. Da nützt es auch nichts, wenn Sie sich „beide Beine ausreißen": Sie schränken nur Ihre Beweglichkeit ein. Lernen Sie, was nicht in Ihrer Macht steht, gelassen zu ertragen. Nagen Sie in solchen Momenten nicht unnötig an Ihrem Selbstbewusstsein nach dem Motto: „Ich habe das nicht im Griff." Dieser mörderische Prozess grenzt in manchen Fällen schon an „Kannibalismus" und basiert auf einer weit verbreiteten Fehleinschätzung: dem Glauben an die unbeschränkte Machbarkeit des Motivierens. Man brauche nur ein paar Schrauben zu justieren oder Knöpfe zu drücken, und schon ist alles möglich. Aber warum soll für den Auszubildenden nicht gelten, was von Ausbildern wie selbstverständlich erwartet wird: die Bereitschaft zur Selbstmotivation. Wer Motivation als Einbahnstraße ansieht, ist ein Schwarzfahrer.

Motivation ist keine Führungsaufgabe, sondern ein wechselseitiges und komplexes Beziehungsgeflecht zwischen Ausbilder und Auszubildendem. Ihre zentrale Frage heißt nicht „Wie motiviere ich einen Auszubildenden?", sondern: „Wie vermeide ich dessen Demotivation? Und: „Wie trage ich dazu bei, dass ein Klima entsteht, das meine Auszubildenden anzieht?" Wie eingangs erwähnt, ist jeder Auszubildende von sich aus motiviert; der eine mehr, der andere weniger. Es gilt, diese mitgebrachte Motivation durch das Gestalten der Rahmenbedingungen aufrechtzuerhalten. Diese Aufgabenteilung formuliert der Volksmund sehr treffend: „Man kann die Pferde zur Tränke führen, saufen müsse sie alleine." Aktives Qualifizieren verlangt aktives Lernen. Lernen ist nicht delegierbar. Was die Motivation betrifft, gilt das Prinzip der Selbstverantwortung: Wenn jeder sich selbst motiviert, bedarf es keiner externen Intervention. Um es auf die Spitze zu treiben: Wann hat Sie das letzte Mal Ihr Auszubildender motiviert? Und stellen Sie sich hin und verkünden: „Als Ausbilder könnte ich Spitzenleistungen erbringen, wenn mein Auszubildender mich motivieren würde."

Aktives Ausbilden verlangt aktives Lernen

Schützen Sie sich vor „Selbstzerfleischungsprozessen", indem Sie bedenken, dass es im Rahmen der Berufsausbildung eine „Bring- und Holschuld" gibt: So wie es Ihre Aufgabe ist, dem Auszubildenden die Fähigkeiten und Kenntnisse laut Ausbildungsordnung zu vermitteln, entspricht es seiner Pflicht, diese Inhalte wie ein „Schwamm" aufzusaugen. Und jede Pflicht basiert auf Selbstverpflichtung. Motivation ist wie ein Konto: Es kann nur der abheben, der auch einzahlt.

Bring- und Holschuld

Fördern und Fordern gehören zusammen wie Geben und Nehmen. Doch wenn der eine Partner stets nur gibt und der andere ausschließlich nimmt, gerät die Balance der Koope-

Fördern und Fordern sind zwei Seiten einer Medaille

ration aus den Fugen. Diese „Huckepack-Strategie" – der eine trägt, der andere lässt sich tragen – hat unkalkulierbare Risiken zur Folge. Am Ende steht die schale Erkenntnis, dass Leidenschaft auch Leiden schafft. Deshalb ist es in solchen Situationen ratsam, aus der Rolle des „Animateurs" auszusteigen, um eine „Ich-bin-verantwortlich-" statt „Halt-mich-bei-Laune-Einstellung" zu fördern. Es gilt der bewährte pädagogische „Evergreen": Weniger ist mehr. Fordern Sie die Eigenverantwortung des Auszubildenden bezogen auf die Motivation ein. Entlassen Sie Ihren Auszubildenden in die Freiheit der Selbstverantwortung. Lernen ist nicht immer ein Zuckerschlecken. Aber zu viel Zucker ist ja bekanntlich auch ungesund.

Lehr- und Lernvertrag statt Ausbildungsvertrag

An dieser Stelle eine grundsätzliche Bemerkung: Es ist in diesem Zusammenhang wenig förderlich, wenn ausschließlich die Rede von einem „Ausbildungsvertrag" ist. Stimulierender wäre es, von einem „Ausbildungs- und Lernvertrag" oder „Lehr- und Lernvertrag" zu sprechen. Diese Begriffe spiegeln eindeutiger das Verhältnis und die daraus resultierende paritätische Aufgabenverteilung zwischen Ausbilder und Auszubildendem wider. Bis sich diese Erkenntnis in den entsprechenden Gremien durchsetzt, können Sie mit dem Vordruck auf Seite 87 arbeiten. Bitte bedenken Sie auch, dass das schriftliche Fixieren von Zielen eine andere Qualität hat als das bloße verbale Vereinbaren. Vor allem für die visuellen und kinästhetischen Menschen: Die einen können es bei Bedarf nachlesen, die anderen be-greifen, worauf sie sich verständigt haben.

Sie verhalten sich anders als gewollt

Abschließend noch ein Hinweis: Wenn Sie und/oder Ihr Auszubildender sich anders verhalten als beabsichtigt, stellen Sie sich folgende Fragen:

▶ Verbinden Sie/Ihr Auszubildender mit dem neuen Verhalten zu viel „Druck" und zu wenig „Spaß"?

▶ Verbinden Sie/Ihr Auszubildender mit dem bisherigen Verhalten zu viel Spaß und zu wenig Negatives?

Das Yin-Yang-Prinzip der Motivation 3.3

Lehr- und Lernvertrag

Ausbildungsbeauftragte/r: _____

Auszubildende/r: _____

im Fachbereich/Abt.: _____

Ausbildungszeitraum: vom _____ bis _____

effektive Anwesenheit im Fachbereich: _____

einigen sich auf folgende Lehr- und Lernziele: _____

_____

_____

_____

_____

_____

_____

_____

_____

_____

vereinbart am: _____

Ausbildungsbeauftragte/r   Auszubildende/r

_____   _____

Dieser Vordruck ersetzt selbstverständlich nicht den obligatorischen Ausbildungsvertrag.

▶ Oder kann es sein, dass Sie/Ihr Auszubildender beide Gründe kombinieren?

Wann immer der Mensch seinen Vorsätzen untreu wird, schneidet das Zielverhalten in der inneren Druck-Freude-

3 Sich und Auszubildende motivieren

Die Kraft der zwei Herzen

Abwägung schlechter ab als die Alternative, die tatsächlich praktiziert wird.

Freude gewinnen und Schmerz vermeiden gehören im Hinblick auf das Erreichen von Zielen zusammen wie siamesische Zwillinge: In ihnen liegt die doppelte Kraft, die für das Erbringen einer 100-prozentigen Leistung erforderlich ist. Yin und Yang: die Kraft der zwei Herzen.

Arbeitsaufgabe:

Kommen Sie jetzt ins Handeln. Wählen Sie ein erstrebenswertes Ziel und verknüpfen dieses konsequent mit dem „Freude-Druck-Prinzip". Achten Sie darauf, dass es Ihnen einerseits Spaß macht, sich auf den Weg zu begeben und das Ziel zu erreichen. Bedenken Sie andererseits, dass es richtig wehtun soll, wenn Sie sich anders verhalten als ursprünglich geplant. Füllen Sie den nachstehenden „Jetzt-oder-nie-Aktionsplan" aus. Durch dieses zweigleisige Handeln realisieren Sie garantiert Ihre Vorhaben.

Bitte denken Sie daran:

Ziele setzen das Verhalten in Gang. Die Aussicht auf positive plus negative Konsequenzen halten das Verhalten in Gang.

3.4 Wie Sie ohne Geld motivieren

Motivierende Rahmenbedingungen

Nachstehend erhalten Sie einige Tipps, wie Sie für (sich und) Ihre Auszubildenden ohne finanzielle Anreize motivierende Rahmenbedingungen schaffen können, aus denen Sie wie in einem pädagogischen Supermarkt im Hinblick auf Ihre konkrete Ausbildungssituation die passenden Angebote wählen.

a) Der Nachahmungs-Effekt

Wie der Herr, so's Gescherr

Der Mensch lernt zirka 80 Prozent seines Verhaltens, indem er andere (unbewusst) kopiert beziehungsweise nachahmt. Auszubildende imitieren vorzugsweise Ausbildungsbeauftragte. Unabhängig davon, ob Sie das wollen oder nicht: Sie

Der „Jetzt-oder-nie-Aktionsplan"

Bearbeiten Sie innerhalb von 72 Stunden den beigefügten Aktionsplan. Setzen Sie sich realistische Ziele. Kontrollieren Sie Ihre Zielsetzung zum selbst gesetzten Zeitpunkt. Bitte bedenken Sie:

1.000 neue Ideen sind gut – eine realisierte ist besser!

Was wollen Sie in die Praxis umsetzen und in welcher Reihenfolge?	Welches Ziel wollen Sie bis **wann** erreichen?	**Wer** kann Sie dabei unterstützen?	**Wer** soll Sie erinnern?	Welche Faktoren könnten das Erreichen Ihrer Ziele gefährden?	**Wie** überprüfen Sie den Erfolg?
Das will ich tun:	Bis wann?	Wen will ich ansprechen?	Mich sollen folgende Personen erinnern:	Dagegen will ich Folgendes tun:	Mit dem Ergebnis bin ich zufrieden, wenn …

sind Vorbild. Ihr Verhalten beeinflusst die Auszubildenden mehr als Ihre Worte. Auszubildende haben ein feines Gespür für hierbei auftretende Widersprüche.

Achten Sie deshalb darauf, dass Ihre Worte und Taten kongruent sind. Denken Sie an den Ausbilder, der keinen Tag verstreichen ließ, um das Prinzip „Ehrlichkeit" in den höchsten Tönen zu loben. Als das Telefon klingelte, sprach er zum Lehrling: „Geh mal ran und sag, ich bin nicht da." Oder denken Sie an das Beispiel der Kundenorientierung: Wer endlos über dieses Thema schwadroniert und gleichzeitig den Auszubildenden als „Fußabtreter" behandelt, wirkt nicht motivierend. Im Zweifelsfall überzeugt immer Ihr Tun. Also, checken Sie bei Gelegenheit:

▶ Welche Forderungen stellen Sie häufig?
▶ Welche „müssen" Sie (leider) immer wieder stellen?
▶ Welche dieser Forderungen leben Sie genauso vor, wie Sie es von Ihren Auszubildenden erwarten?

Nehmen Sie unerwünschte Verhaltensweisen zum Anlass, das eigene Handeln kritisch zu beleuchten. Fragen Sie sich: „Verhalte ich mich unbewusst wie mein Auszubildender?" Schon der griechische Tragödiendichter Euripides erkannte, dass Menschen beim Ratgeben alle weise, aber blind bei den eigenen Fehlern sind. Lippenbekenntnisse nutzen gar nichts. Wer seinen Auszubildenden Grenzen setzt und sie selbst nicht respektiert, bildet Grenzverletzer aus. Wenn Sie jedoch das leben, was Sie von anderen erwarten, sind Sie von motivierten Auszubildenden umgeben. Salopp formuliert: „Wie der Herr, so's Gescherr!"

b) Die Verstärkungs-Strategie

Im Umgang mit Auszubildenden können Sie Vorhaltungen machen oder gewünschte Verhaltensweisen positiv verstärken. Quizfrage: Welche Vorgehensweise ist effektiver? Sie motivieren Ihre Auszubildenden, wenn Sie gewünschte Verhaltensweisen durch Lob und Anerkennung bestätigen. Legen Sie sich auf die Lauer: Erwischen Sie Ihre Auszubildenden, wenn sie Arbeitsprozesse (annähernd) richtig machen. Auf dem Tischkärtchen eines Ausbildungsleiters in einem großen Industrieunternehmen steht: „Ein Ausbilder, der an seinem Auszubildenden nichts Gutes findet, ist nur zu faul, danach zu suchen."

> **Loben Sie lerntypgerecht:** Der kinästhetische Lerntyp begreift ein Lob erst durch ein „Schulterklopfen", der auditive Typ freut sich über jedes anerkennende Wort, und der visuelle Lerner ist dankbar über jede bestätigende Zeile, die er (immer wieder) lesen kann.

Schreiben Sie zu jedem Anlass (Geburtstag, Krankheit, besondere Leistungen, Weihnachten) einen (Glückwunsch-)Brief, den der Auszubildende seinem Lebenspartner, der Familie und seinen Freunden zeigen kann. Damit hält er eine sichtbare „Anerkennung" in den Händen. Außerdem bietet es sich an, außergewöhnliche Leistungen bei jeder Gelegenheit bekannt zu machen: in Hausmitteilungen, Mitarbeiterzeitschriften, bei Versammlungen und Konferenzen.

Loben Sie unmittelbar. Dazu ein Beispiel: „So war Foxboro in der Anfangszeit des Unternehmens einmal an einem Punkt angekommen, wo das weitere Überleben davon abhing, dass schnell ein entscheidender technischer Durchbruch gelingen würde. Eines Abends kam zu später Stunde ein Wissenschaftler mit einem funktionierenden Prototyp in das Büro des President gestürzt. Überwältigt von der Perfektion der Lösung, suchte dieser nach einer passenden Belohnung; er stöberte in seinem Schreibtisch, fand etwas, reichte es dem Wissenschaftler hinüber und sagte: ‚Da!' In der Hand hielt er eine Banane, die einzige Belohnung, die er sofort anbieten konnte. Seit jener Zeit ist die kleine ‚Goldene Banane' bei Foxboro die höchste Ehrung für wissenschaftliche Leistungen" (PETERS/WATERMAN 1990, S. 97).

Unmittelbar loben

Wenn Sie annehmen, dass zu viel Lob schädlich sei, fragen Sie sich: „Habe ich je in meinem Leben das Gefühl gehabt, zu stark anerkannt, zu viel gelobt, zu heftig geliebt worden zu sein?"

Zu den Elementen der Anerkennung gehört es auch,

Elemente der Anerkennung

▶ dem anderen Komplimente zu machen,

▶ sich Zeit für den Auszubildenden zu nehmen und ihm interessiert zuzuhören,

- offen, ehrlich, respekt- und vertrauensvoll miteinander zu kommunizieren,
- wo es sinnvoll erscheint, mit Worten und Taten zu unterstützen und
- neben den erbrachten Leistungen auch trotz fehlender Ergebnisse die Mühe anzuerkennen.

DANKE

„DANKE". Geht Ihnen als Ausbildungsbeauftragter dieses Wort leicht über die Lippen? Dankbarkeit ist gesteigerte Kontaktfähigkeit. Durch Dank machen Sie Ihre Auszubildenden zu „Wiederholungstätern".

c) Die Lern-Erfolgsjournal-Methode

Werte beeinflussen die Motivation

Individuelle Werte sind die „Orientierungspunkte" der Motivation. Mit Hilfe dieser Orientierungspunkte entscheiden Menschen bewusst oder unbewusst, was Ihnen im (Arbeits-)Leben wichtig beziehungsweise unwichtig ist. Mit anderen Worten: Werte beeinflussen die Motivation. Menschen, deren individueller Wertekodex im Einklang mit dem (Arbeits-)Leben steht, sind hoch motiviert. Menschen, die ihre Verbindung zu ihren Werten verlieren, verlieren auch kurz- oder langfristig ihre Motivation.

Wie können Sie sich Klarheit darüber verschaffen, was Ihnen im (Arbeits-)Leben wichtig ist? Setzen Sie sich am Ende eines (Ausbildungs-)Tages hin und lassen Sie die Tagesereignisse Revue passieren. Suchen Sie sich zwei Situationen heraus, die Sie als angenehm oder zufrieden stellend erlebt haben, und schreiben diese auf. Stellen Sie sich anschließend folgende Frage: „Auf Grund welcher meiner Eigenschaften konnte ich diese Ereignisse genießen oder Zufriedenheit empfinden?" Schreiben Sie für jedes Ereignis eine Eigenschaft unten an den Rand der Seite (z.B. Beharrlichkeit, Fürsorgegefühl, Kreativität, Freude an Herausforderungen, Empfindsamkeit, Kommunikationsfreude, Neugier und Ähnliches). Am Ende einer Woche haben Sie bereits zehn Ereignisse und Eigenschaften. Welche Tendenz erkennen Sie? Nach Ablauf eines Monats werden Sie ein sehr klares Verständnis von Ihren Werten haben und von dem, was Ihnen Freude bereitet. Lassen Sie Ihre Auszubildenden ihre eigenen Werte ermitteln, indem Sie ihnen diese Methode vorstellen.

d) Die Derrick-Strategie

Nennen Sie die Lernziele und erläutern Sie die Bedeutung des Themas. Erklären Sie die Zusammenhänge bezogen auf die Volkswirtschaft, Branche und/oder Beruf. In der betrieblichen Praxis hat sich gezeigt, dass es nicht ausreicht, wenn beispielsweise der Chef zum Lehrling sagt: „Nächste Woche melden wir Konkurs an, damit du das auch lernst." Geben Sie einen Überblick („Fahrplan"). Auszubildende arbeiten besser, wenn sie das Gefühl haben, etwas Sinnvolles zu tun. Erklären Sie nicht nur das Was und Wie der Arbeitstätigkeit, sondern vor allem das WARUM. Der „Täter" braucht ein Motiv.

Maslow: Die „Motivationstricks" aus der Kiste des Urvaters

Die Maslow'sche Bedürfnispyramide zählt zu den Klassikern der motivationstheoretischen Erklärungsansätze. Der amerikanische Motivationspsychologe Abraham H. Maslow, der zu den Begründern und wichtigsten Vertretern der Humanistischen Psychologie gehört, erstellte Anfang der fünfziger Jahre eine fünfstufige Pyramide, mit der er die menschlichen Bedürfnisse strukturierte (s. Abb. 11). Sie kennzeichnet eine streng hierarchische Ordnung von Motiven, die nacheinander – zumindest bis zu einem gewissen Grad – befriedigt sein müssen, bevor die nächsthöhere Ebene über die geänderte Motivation Einfluss auf das Verhalten einer Person nimmt.

Maslow'sche Bedürfnispyramide

Auf der untersten Ebene stehen Grundbedürfnisse, die zum Erhalten des Lebens notwendig sind. Sie müssen befriedigt sein, bevor auf der nächsthöheren Stufe der Wunsch nach Sicherheit seine motivierende Wirkung entfalten kann. Wenn dieser sichergestellt ist, entwickeln Bedürfnisse nach menschlicher Zugehörigkeit und Zuwendung ihre treibende Kraft. Parallel zur Entwicklung sozialer Kontakte wächst ein Verlangen nach sozialem Erfolg, Status und Prestige. Auf der höchsten Stufe der Pyramide steht das Streben nach Selbstverwirklichung.

3 Sich und Auszubildende motivieren

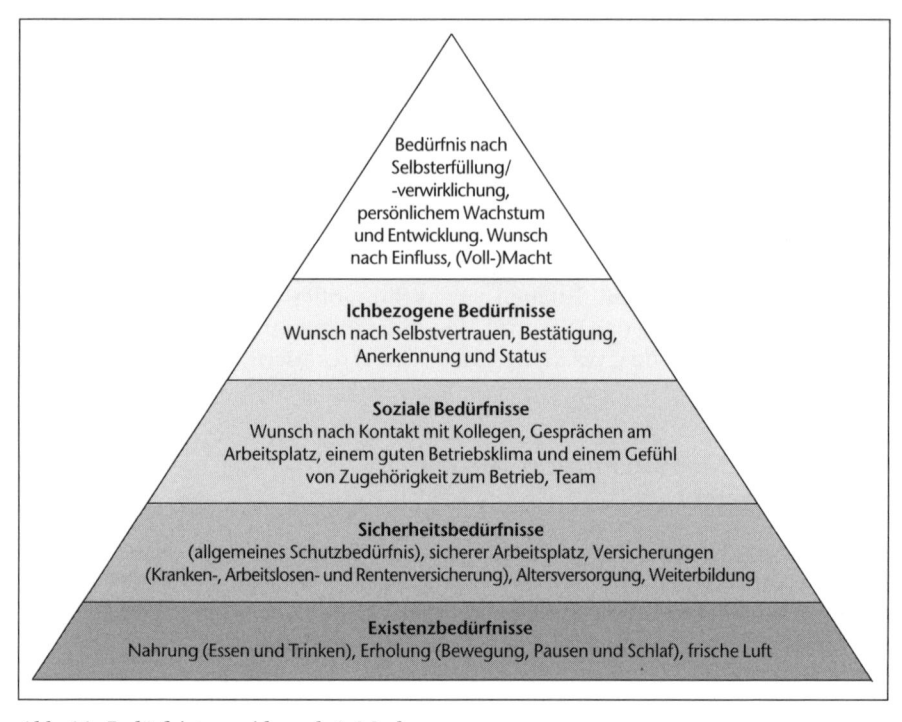

```
                    Bedürfnis nach
                    Selbsterfüllung/
                    -verwirklichung,
                   persönlichem Wachstum
                  und Entwicklung. Wunsch
                  nach Einfluss, (Voll-)Macht

                    Ichbezogene Bedürfnisse
              Wunsch nach Selbstvertrauen, Bestätigung,
                     Anerkennung und Status

                      Soziale Bedürfnisse
           Wunsch nach Kontakt mit Kollegen, Gesprächen am
          Arbeitsplatz, einem guten Betriebsklima und einem Gefühl
                von Zugehörigkeit zum Betrieb, Team

                      Sicherheitsbedürfnisse
        (allgemeines Schutzbedürfnis), sicherer Arbeitsplatz, Versicherungen
      (Kranken-, Arbeitslosen- und Rentenversicherung), Altersversorgung, Weiterbildung

                      Existenzbedürfnisse
     Nahrung (Essen und Trinken), Erholung (Bewegung, Pausen und Schlaf), frische Luft
```

Abb. 11: Bedürfnispyramide nach A. Maslow

Denkmodell   Diese Pyramide ist nur ein Modell. Die Vielfältigkeit menschlicher Bedürfnisse ist stark vereinfacht. Zwar stimmen Wissenschaftler weitgehend überein, dass es tatsächlich eine Hierarchie von Bedürfnissen gibt, eine spezifische Rangfolge bei Bedürfnissen höherer Ordnung kann jedoch nicht festgestellt werden. Vielmehr stehen die verschiedenen Bedürfnisse in engem Zusammenhang und wollen oft zugleich befriedigt werden.

Unabhängig von dieser Kritik ist die Motivationspyramide für Ausbilder ein wertvolles Instrument: Sie können auf dieser Grundlage überprüfen, welche Bedürfnisse weitgehend befriedigt sind und auf welcher Ebene es sich lohnt einzusteigen, um Auszubildende zu motivieren.

Checkliste auf der Grundlage der Maslow'schen Bedürfnispyramide:

Leitfragen	Ja	Nein
1. Stufe: Maßnahmen, um Grundbedürfnisse zu berücksichtigen:		
a. Ist für ausreichend Bewegung, Sauerstoff und Entspannungsphasen (z.b. Arbeitspausen) gesorgt?		
b. Entsprechen Arbeitssicherheit und Gesundheitsschutz den gesetzlichen und sonstigen Vorschriften/ Verordnungen?		
c. Sind die Ausbildungsplätze (Schreibtisch, -stuhl, Beleuchtung, PC), Arbeitsabläufe und Arbeitsumgebung (Temperatur, Sauberkeit, Klimatisierung) nach ergonomischen Erkenntnissen gestaltet?		
2. Maßnahmen, um Sicherheitsbedürfnisse zu berücksichtigen:		
a. Werden die Auszubildenden rechtzeitig und umfassend informiert (z.B. über das Beurteilungssystem)?		
b. Wissen die Auszubildenden, welches Verhalten im Betrieb erwartet wird, welche Anforderungen und Erwartungen gestellt werden?		
c. Kann sich unter den Auszubildenden ein Gefühl von Stabilität und Zuverlässigkeit durch das Einhalten von Absprachen entwickeln?		
d. Arbeiten die Auszubildenden in einer angstfreien Atmosphäre?		
e. Werden die Auszubildenden frühzeitig über abteilungsspezifische Regeln und Normen informiert, um das System für Neueinsteiger transparent zu gestalten?		
f. Werden Auszubildende hinreichend über wichtige Änderungen informiert?		

Leitfragen	Ja	Nein
g. Wird darauf geachtet, dass mögliche Perspektiven nach der Berufsausbildung aufgezeigt werden?		
h. Wissen die Auszubildenden, dass sie vor Kunden und Kollegen nicht bloßgestellt werden, wenn sie etwas falsch gemacht haben?		
i. Werden Fehler als Entwicklungschance betrachtet, indem Auszubildende zum Weitermachen ermutigt werden?		
j. Existiert in der Ausbildungsabteilung eher ein „Goldmedaillen- oder ein „Rotstift-Klima"?		
k. Ist der Arbeitsplatz gemäß den Unfallverhütungsvorschriften, Sicherheits- und Umweltschutzbestimmungen sicher?		
l. Wird konsequent auf das Einhalten von Arbeitsschutzbestimmungen geachtet?		
3. **Maßnahmen, um soziale Bedürfnisse zu berücksichtigen:**		
a. Gibt es für Auszubildende die Chance, Kontakte zu Kollegen, Kunden und Vorgesetzten aktiv zu gestalten?		
b. Werden den Auszubildenden die Ziele der Abteilung und des Unternehmens aufgezeigt, damit diese sich mit ihrer Arbeit identifizieren und ein Gefühl der Zugehörigkeit entwickeln können?		
c. Gibt es einen ausreichenden Informationsfluss?		
d. Gibt es für Auszubildende die Möglichkeit, soziale Kontakte in Betriebsgruppen (z.B. Sportgruppen, Laienspielschar) zu knüpfen?		
e. Gibt es Rituale der Gemeinsamkeit (gemeinsames Frühstücken oder Ähnliches)?		

Leitfragen	Ja	Nein
f. Hat der Auszubildende die Chance, an abteilungsübergreifenden Konferenzen, Gesprächen und/oder Betriebsausflügen teilzunehmen?		
4. Maßnahmen, um ichbezogene Bedürfnisse zu berücksichtigen:		
a. Werden die Auszubildenden geachtet und für wichtig genommen?		
b. Wissen die Auszubildenden, ob und wann ihre Arbeit in Ordnung ist?		
c. Werden Gespräche mit den Auszubildenden geführt, in denen sie Feedback bekommen?		
d. Werden gute Leistungen als selbstverständlich registriert?		
e. Oder erhalten die Auszubildenden lerntypgerechte deutliche Anerkennung bei entsprechenden (Teil-)Leistungen und beim Erkennen des guten Willens (unabhängig vom Ergebnis)?		
f. Wird das selbstständige und eigenverantwortliche Handeln durch Übertragen von komplexen Aufgaben gefördert?		
g. Hat der Auszubildende die Chance, vor Kollegen und Vorgesetzten (Teil-)Projektergebnisse zu präsentieren, an denen er mit gearbeitet hat?		
5. Maßnahmen, um Bedürfnisse nach Selbstverwirklichung und -entfaltung zu berücksichtigen:		
a. Werden Auszubildende ermutigt, Problemlösungen und Verbesserungsvorschläge zu entwickeln?		
b. Haben Auszubildende Gelegenheit zum Mitbestimmen, indem sie beispielsweise aktiv in Planungsprozesse integriert werden?		

Leitfragen	Ja	Nein
c. Gibt es die Möglichkeit, sich zum Beispiel in der Jugend- und Auszubildendenvertretung zu engagieren und/oder an der „Werkszeitung" mitzuarbeiten?		
d. Gibt es Möglichkeiten, den Auszubildenden Vollmachten zu übertragen (z.B. selbstständige und eigenverantwortliche Urlaubsvertretung)?		
e. Werden Zielvereinbarungen getroffen, sodass Auszubildende weitgehend selbstständig wirken können?		

Werden Sie aktiv, falls Sie auf der einen oder anderen Ebene Handlungsbedarf entdecken. Sicher ist dabei nicht alles, was wünschenswert wäre, auch machbar. Die Situationen in den Unternehmen sind immer von Sachzwängen gekennzeichnet und erfordern realistischerweise Kompromissfähigkeiten von allen Mitarbeitern.

Selbstmotivation

Unterm Strich betrachtet ist nach wie vor die stärkste Motivation die Selbstmotivation. Denken Sie nur an den amerikanischen Pianisten Arthur Rubinstein, der sagte: „Ich spiele so gerne Klavier, dass ich es auch umsonst tun würde." Oder auch an den legendären Fußballtrainer Udo Lattek, der auf die Frage „Was kann Sie überhaupt noch motivieren?" antwortete: „Ich mich selbst!"

Bedürfnisprofil:

Stellen Sie sich einen Auszubildenden vor, den Sie gut kennen. Welche Bedürfnisse sind für diese Person im Augenblick besonders wichtig? Legt Ihr Auszubildender momentan beispielsweise eher Wert auf Sicherheit oder strebt er nach Anerkennung? Erinnern Sie sich an einen zweiten Auszubildenden: Welche Bedürfnisse standen bei dieser Person im Vordergrund? Wenn Sie Person A mit Person B vergleichen, stellen Sie Unterschiede oder Gemeinsamkeiten fest? Patentrezepte gibt es nicht. Motivation funktioniert nicht nach dem „Dr.-Oetker-Prinzip": Man nehme ... So kann man zwar einen Kuchen backen, aber nicht den Umgang mit Auszubildenden gestalten. Der Mensch ist kein Baukasten. Jedoch ist das Modell der Maslow'schen Pyramide hilfreich, wenn es darum geht, das aktuelle Bedürfnisprofil eines Auszubildenden zu ermitteln.

Beachten Sie die Verschiedenheit der persönlichen Gewichtung der einzelnen Motive von Auszubildendem zu Auszubildendem. Was motivierend wirkt, hängt von der individuellen Lebens- und Bedürfnissituation ab. Darauf sind die Anreize und Anregungen abzustellen. „Motivieren ist wie Angeln: Der Köder muss immer dem Fisch schmecken und nicht dem Angler", heißt es im Volksmund. Je nach Auszubildendem und Situation kann die gleiche Maßnahme und Methode einmal stimulierend, ein andermal hemmend wirken. Setzen Sie Motivationshilfen stets personengerecht ein. Mit anderen Worten: Alle Auszubildenden sind gleich zu behandeln, und zwar individuell verschieden.

Motivationshilfen personengerecht einsetzen

> **Bitte denken Sie daran:**
>
> In manchen Situationen ist die beste Art der Motivation das Nicht-Motivieren: „Wer hilft, wo Fördern reicht, der schadet" (Thomas Gordon).

4 Beurteilungen systematisch erstellen und besprechen

4.1 Der Nutzen von Beurteilungen

Metzgermeister Peter Willig mochte Lehrling Fritz Leichtfuss, der sehr zuverlässig war. Er hatte nur eine Schwäche für Knochen, die sich zufällig immer dann in seiner Tasche befanden, wenn er die Metzgerei verließ. Sein Meister schrieb bei seinem Ausscheiden wahrheitsgemäß in sein Zeugnis: „... Er war ehrlich, bis auf die Knochen."

Dieser Kalauer hat einen wahren Kern: Tatsächlich verpflichtet sich der Ausbildende mit Abschluss eines Ausbildungsvertrages, dem Auszubildenden am Ende seiner Lehrzeit ein Zeugnis auszustellen. Ihre Beurteilung ist ein Baustein für dieses Dokument. Sie bescheinigen die Fähigkeiten, Leistungen und das arbeitsrelevante Verhalten Ihres Auszubildenden. Diese Feststellungen treffen Sie aber nicht nur anlässlich einer Beurteilung. Es gibt vielfältige Anlässe, die gleichermaßen eine Beurteilung erfordern. Zum Beispiel beurteilen Sie

▶ beim Auswählen von Bewerbern,

▶ am Ende der Probezeit, ob der Auszubildende „übernommen" werden soll,

▶ wenn es um das Verkürzen oder Verlängern der Ausbildung geht.

Zwangsläufig machen Sie sich – vielleicht nicht immer bewusst – ein Bild über Ihren Auszubildenden. Dabei beurteilen Sie intuitiv und spontan oder im Rahmen eines geregelten systematischen Beurteilungsverfahrens. Entscheidend ist also nicht, „ob" Sie beurteilen, sondern „wie" und „wofür".

Beurteilungsverfahren

4 Beurteilungen systematisch erstellen und besprechen

Eine systematisch angefertigte Beurteilung bietet Vorteile für alle Beteiligten: für Sie und Ihren Auszubildenden genauso wie für den Ausbildungsbetrieb.

Nutzen für den Betrieb

Ein geregeltes Beurteilungsverfahren dient Ihnen und dem Ausbildungsbetrieb als

- ▶ Rückmeldung über den Leistungs- beziehungsweise Ausbildungsstand des Auszubildenden,
- ▶ Hilfsmittel zum Einleiten von Förderungsmaßnahmen,
- ▶ Mittel zum Überprüfen des eigenen Ausbildungssystems,
- ▶ Instrument der Selbstkontrolle im Hinblick auf die Wirksamkeit Ihrer Ausbildungsmethoden,
- ▶ Grundlage für die Personalplanung,
- ▶ Information über spätere Einsatzmöglichkeiten.

Nutzen für Azubis

Der Nutzen für den Auszubildenden besteht darin, dass

- ▶ er weiß, „wo er steht",
- ▶ er seine Stärken und Schwächen kennt,
- ▶ er erfährt, wie Sie und Ihre Kollegen über ihn denken,
- ▶ er bewusst registriert, welche Lernfortschritte er bereits gemacht hat und welche noch vor ihm liegen.

Darüber hinaus ergeben sich aus einer systematisch angefertigten Beurteilung noch weitere Vorteile für den Auszubildenden:

- ▶ Regelmäßige Beurteilungen vermeiden Unter- oder Überforderungen und entlasten dadurch den Auszubildenden.
- ▶ Erfolgserlebnisse stärken seine Einsatzbereitschaft.
- ▶ Das Wissen über Stärken und Schwächen erhöht seine Zielstrebigkeit.
- ▶ Regelmäßige Beurteilungen von Teilleistungen schränken die Gefahr, ein willkürliches sowie zufälliges Pauschalurteil zu erstellen, ein.

Ziel einer Beurteilung und des daraus resultierenden Gespräches ist das Fördern von Stärken des Auszubildenden bei gleichzeitigem Abstellen der Schwächen. Im Rahmen eines Coachingprozesses erfolgt das Beurteilungsgespräch aus dem Blickwinkel der individuellen Beratung und Förderung. Dabei konzentriert sich das Coaching auf Möglichkeiten der Zukunft, nicht auf die Fehler der Vergangenheit. Es sollen keine Schuldigen, sondern fähige Mitarbeiter/-innen ausgebildet werden. Der Auszubildende erhält die Chance, im Verlauf seiner Berufsausbildung ein unverkennbares Stärkenprofil zu entwickeln. Diese berufliche „Ich-Marke" erhöht seine Chancen auf dem Arbeitsmarkt. Bei entsprechender Gestaltung entpuppt sich das Beurteilungsgespräch als „Motivationsakku".

Ziel einer Beurteilung

So weit die Idealvorstellung – doch wie lässt sie sich realisieren? Auf diese Frage erhalten Sie in den folgenden Kapiteln einige Tipps und Anregungen, die sich in der Praxis als sehr sinnvoll erwiesen haben.

4.2 Das Johari-Modell: Ihre Rolle als Ausbilder

Wo liegt der eigentliche Ansatzpunkt für ein Beurteilungsgespräch im Sinne eines Coachingprozesses? Und: Welche Aufgabe ergibt sich daraus für den Ausbilder als Coach? Um diese Fragen zu beantworten, kann ein Modell helfen, das die beiden „Erfinder" Joe Luft und Harry Ingham zum Darstellen zwischenmenschlicher Beziehungen entwickelt haben: das Johari-Fenster.

Das Johari-Fenster ist ein grafisches Modell, mit dessen Hilfe die Motivation und das daraus resultierende Verhalten nach folgenden Fragen geordnet wird:

▶ Ist die Motivation und das Verhalten einer bestimmten Person ihr selbst und anderen zugänglich?

▶ Ist die Motivation und das Verhalten nur der ausführenden Person zugänglich?

▶ Ist die Motivation und das Verhalten nur für Außenstehende sicht- und erkennbar?

▶ Ist die Motivation und das Verhalten weder der ausführenden Person noch anderen zugänglich?

Das Modell wurde nach den Autoren Joe Luft gleich „Jo" und Harry Ingham gleich „Hari" benannt.

Johari-Fenster

I. „Die Arena"	III. „Der blinde Fleck"
... beschreibt die Verhaltensweisen eines Menschen, die ihm bewusst sind und die er anderen mitteilt (Gedanken, Gefühle, Werte, Einstellungen).	... beschreibt, dass eine Person gegenüber anderen unbewusst Verhaltensweisen kommuniziert. Dazu zählen Gang, Gesten, Stimmklang, Kleidung sowie das Auftreten. Während die Person diese Verhaltensweisen selbst nicht registriert, sind sie anderen Personen durch Beobachten zugänglich.
II. „Die Fassade"	IV. „Das Ungewusste"
... beschreibt Gedanken, Gefühle und Wünsche, die dem Menschen selbst wohl bekannt sind, die aber aus Angst anderen gegenüber auf jeden Fall verborgen gehalten werden.	... beschreibt Teile einer Person, die weder ihr noch anderen bekannt oder bewusst sind. Dies sind etwa stark unterdrückte Bedürfnisse, verborgene Talente, ungenutzte Begabungen.

Abb. 12: Das Johari-Fenster

Feld 1 In Feld 1 sind die Informationen „abgelegt", die „mir" und „den anderen", oder wie in Ihrem Fall, Ihnen und Ihrem Auszubildenden, bekannt sind. Weil alle die hier vorhandenen Informationen kennen und nutzen können, wird dieses Feld auch „Arena" genannt.

Feld 2 In Feld 2 liegen die Dinge umgekehrt. Hier sind Ihrem Auszubildenden Dinge bekannt, die Ihnen unbekannt sind. Ihr Auszubildender könnte aus taktischen Überlegungen, vielleicht auch aus Furcht, eine „Fassade" aufbauen. Außerdem fallen in dieses Feld Gedanken und Emotionen, die auf Grund ihres privaten Charakters mit anderen nicht geteilt werden.

Feld 3 verdeutlicht die Informationen, die den anderen bekannt, einem selbst aber unbekannt sind. Auf Ihre Situation bezogen heißt das: Die Ansichten und Reaktionen Ihres Auszubildenden sind Ihnen auf Grund von Beobachtungen bekannt und eventuell vorhersehbar, Ihrem Auszubildenden aber nicht. Je größer dieser „blinde Fleck", desto kleiner ist logischerweise die „Arena".

Feld 3

In Feld 4 liegen die Informationen, die weder Ihnen noch Ihrem Auszubildenden bekannt sind. Es handelt sich um Vorgänge, die sich in dem Bereich bewegen, der in der Tiefenpsychologie „unbewusst" genannt wird. Dieser Bereich wird auf Wunsch des Ratsuchenden von Therapeuten „bearbeitet", aber nicht von Ausbildern.

Feld 4

Ihr Ansatzpunkt für einen Coachingprozess im Rahmen eines Beurteilungsgespräches liegt im dritten Feld: „Der blinde Fleck". Das „Öffnen" des dritten Quadranten erfolgt durch das Geben von Feedback. Durch das Mitteilen, wie Sie Verhaltensweisen eines Auszubildenden wahrnehmen und welche Wirkungen sie auslösen, wird der „blinde Fleck" verkleinert und die „Arena" vergrößert. Dieser Gewinn an mehr Bewusstheit eröffnet dem Auszubildenden die Option, anders zu denken und zu handeln. Allerdings liegt es in seinem Ermessen, wie er dieses Wissen für seinen weiteren beruflichen Weg nutzt.

Der blinde Fleck

Die Kunst, Feedback zu geben

Sie erleichtern es Ihrem Auszubildenden, ein Feedback anzunehmen, wenn Sie folgende Gedanken und Regeln beherzigen.

Eine Rückmeldung oder auf Neudeutsch „Feedback" basiert auf subjektivem Erleben. Mit Ihrer Rückmeldung bringen Sie zum Ausdruck: „So erlebe ich dich." Diese Mitteilung gipfelt nicht in der Forderung: „Du sollst dich ändern." Ganz im Gegenteil: Ihr Feedback kommt idealerweise aus dem Kontext des „Dienens". Sie stellen dem Auszubildenden Informationen zur Verfügung, die es ihm ermöglichen, seine „Arena" zu vergrößern. Ist Ihr Feedback ehrlich und wertfrei, beurteilt es nicht den Auszubildenden als Menschen,

Rückmeldung

sondern lässt ihm die Wahl zu entscheiden, was er tut oder lässt. Es geht darum, dem Auszubildenden Lernmöglichkeiten zu eröffnen. Regen Sie ihn an, sich beispielsweise folgende Fragen zu stellen:

▶ Wie sehe ich mich? Wie wirkt mein Verhalten auf andere?

▶ Will ich so auf andere wirken?

▶ Wenn nein, welche Verhaltensweisen sollte ich korrigieren, um eine andere Wirkung zu erzielen?

Ihre Kontrollfrage im Hinblick auf das Geben von Feedback lautet: „Gewinnt der Auszubildende aus meiner Rückmeldung Einsichten, die es ihm ermöglichen, in neuer Weise zu handeln und zu kommunizieren?"

Wenden Sie beim Geben von Feedback die folgenden Regeln an:

Sach- statt personenbezogen:

▶ Kritisieren Sie nur die Arbeit und Leistung des Auszubildenden, nicht seine Person.

Beschreibend statt interpretierend:

▶ Wenn Sie Ihre eigene Reaktion (Interpretation) beschreiben, überlassen Sie es Ihrem Auszubildenden, diese Information nach seinem Gutdünken zu verwenden oder nicht. Indem Sie moralische Bewertungen unterlassen, vermindern Sie im Gesprächspartner den Drang, sich zu verteidigen und die angebotene Rückmeldung abzulehnen.

Aktualität:

▶ Wenn Sie Ihr Feedback sofort geben, kann der Auszubildende am besten verstehen, was Sie meinen oder wie und ob Sie ihn verstanden haben.

Klar und genau formulieren:

▶ Dies können Sie nachprüfen, indem Sie Ihren Auszubildenden bitten, die von Ihnen gegebene Rückmeldung mit eigenen Worten zu wiederholen.

Wenn Sie Feedback, gleichgültig ob positiv oder negativ, verweigern, dann ignorieren Sie damit beim Auszubildenden eines der wesentlichsten Grundbedürfnisse, nämlich das nach Bestätigung. „Um nicht in derartige hoffnungslose Situationen zu kommen, lernen eine ganze Reihe von Menschen schon frühzeitig, sich so zu verhalten, dass sie immer wieder Kritik auf sich ziehen. Denn auch die vernichtendste Zurückweisung und Beschimpfung ist – psychologisch gesehen – immer noch besser als gar kein Feedback" (RÜTTINGER 1999, S. 57).

Bedürfnis nach Bestätigung

4.3 Phase A: Der Beobachtungsprozess

Voraussetzung für eine fundierte Beurteilung sind möglichst „objektive" Aussagen über Leistung und Verhalten des Auszubildenden. Dies ist freilich die Hauptproblematik. Nicht umsonst heißt es, dass Urteile oft mehr über den Beurteiler aussagen als über den Beurteilten. Wenn ein Ausbilder über einen Auszubildenden schreibt, so schreibt er zugleich auch ein Stück über sich; zumindest gibt er Auskunft über seine eigene Art, wahrzunehmen und zu werten.

Aus der Wahrnehmungspsychologie ist bekannt, dass dabei der Prozess des Beobachtens von der individuellen Interpretation nicht zu trennen ist. Hinzu kommt, dass bereits das Beobachten an sich einer Konstruktion entspricht, die niemals die „Wirklichkeit" widerspiegelt. Anders formuliert: Das Beobachten erfolgt durch eine subjektive „Brille", mit der die Menschen bevorzugt das wahrnehmen, was zu ihren Erwartungen und Einstellungen passt. Zum Beispiel sehen Verliebte aneinander nur die positiven Seiten, zumindest in den ersten Wochen oder Monaten. Oder die Zigarettenpause fällt besonders bei einem „faulen" Auszubildenden auf. Dieses „selektive" oder auswählende Wahrnehmen kann dazu führen, dass bestimmte Beobachtungen über- oder unterbewertet werden.

Wahrnehmungspsychologie

Übung: Testen Sie Ihre Wahrnehmung

Angenommen, Ihr Auszubildender hat Ihnen gerade die folgende Arbeit überreicht:

$$1 + 1 = 2$$
$$2 + 1 = 3$$
$$3 + 1 = 5$$
$$4 + 1 = 5$$
$$5 + 1 = 6$$
$$6 + 1 = 7$$

Bevor Sie weiterlesen, schreiben Sie spontan Ihr Feedback auf.

In Seminaren für Ausbilder und Ausbildungsbeauftragte lautet das Feedback in den meisten Fällen, dass das Ergebnis im dritten Arbeitsschritt ($3 + 1 = 5$) falsch ist. Es gibt allerdings auch Teilnehmer, die sagen: „Das Ergebnis im dritten Arbeitsschritt ist zwar falsch, dafür sind die anderen fünf Ergebnisse richtig."

Wie lautet Ihr Feedback? Hätten Sie ausschließlich das falsche Arbeitsergebnis beanstandet und die übrigen als selbstverständlich registriert? Oder hätten Sie beides erwähnt? Und wie sieht Ihre gängige „Feedback-Praxis" aus? Konzentrieren Sie sich ausschließlich auf das noch nicht Erreichte, auf das Fehlerhafte einer Arbeit? Denkt Ihr Auszubildender, dass Sie an allem etwas zu meckern haben, dass er es Ihnen nie recht machen kann? Oder ist Ihre „Feedback-Praxis" im Großen und Ganzen ausbalanciert, weil sie die negativen und positiven Aspekte erwähnen? Belastend statt inspirierend wird eine Feedback-Praxis empfunden, wenn sie auf Dauer einseitig akzentuiert ist.

Bitte denken Sie daran:

Kritik ist wie Dünger: Ob etwas gedeiht oder stirbt, hängt von der Dosierung ab.

Überprüfen Sie Ihre Antwort und Ihre übliche Feedback-Praxis anhand der Tipps zum Geben von Feedback, die Sie auf Seite 104 finden.

Der Beobachtungsbogen

Bevor Sie zu Urteilen über andere kommen, brauchen Sie ein Instrument, dass Ihnen die Möglichkeit bietet, Ihre Beobachtungen so sachlich wie möglich zu machen. Hier hilft ein Beobachtungsbogen, der Sie in die Lage versetzt, Ihre positiven und negativen Erlebnisse mit Ihrem Auszubildenden zu dokumentieren und damit später abrufbar zu haben. Legen Sie sich dazu ein „Heft" an, in dem Sie Ihre Beobachtungen notieren. Machen Sie keine Wissenschaft daraus. Es genügt, wenn Sie etwa diesen Aufbau wählen:

Beobachtungen notieren

Beispiel „Beobachtungsbogen"

Datum	Text
10.11.	M. hat mich trotz mehrerer Hinweise schon wieder nicht darüber informiert, dass Herr X. angerufen hat.
15.11.	Nach nur einmaliger, kurzer Erklärung hat M. die Lohnsteuertabelle fehlerfrei für einige Berechnungen eingesetzt. Sehr schön.

Achten Sie darauf, dass Ihre Beobachtungen nicht zu einem Belauern ausarten und auf keinen Fall so aufgefasst werden. Legen Sie deshalb das, was Sie beobachten, offen. Sagen Sie Ihrem Auszubildenden, dass Sie Aufzeichnungen anlegen und dass er sie jederzeit einsehen kann. Das fördert die Transparenz sowie Ihr Vertrauensverhältnis und verhindert jeden Verdacht der „Geheimdiplomatie". Notieren Sie in möglichst dichter Folge Ihre Beobachtungen. Das macht nicht viel Mühe und kann Ihnen mit Blick auf die Beurteilung wertvolle Dienste leisten.

Keine Geheimdiplomatie

Beurteilungskriterien: Basis für Ihre Beobachtungen

Die Fragen, die sich im Zusammenhang mit dem Beobachtungsbogen ergeben, lauten: Woran orientieren sich Ihre

Beobachtungen? Welche Beobachtungen sind notwendig, welche sind überflüssig wie ein Pickel am Allerwertesten? Ihre Beobachtungen orientieren sich idealerweise an den von Ihnen aufgestellten Lernzielen und Beurteilungskriterien. Denn letztendlich geben Sie mit Ihrer Beurteilung darüber Auskunft, ob und wie Ihr Auszubildender die Ausbildungsziele erreicht hat.

Im Kapitel „Fachwissen anschaulich vermitteln – aber wie" haben Sie bereits erfahren, wie Sie Fertigkeiten und Kenntnisse sowie Schlüsselqualifikationen als überprüfbare Lernziele formulieren. Da erfahrungsgemäß dieses Vorgehen im Bereich der Schlüsselqualifikationen teilweise Kopfzerbrechen bereitet, hilft Ihnen die nachfolgende Aufstellung von Fragen, die sich exemplarisch auf immer wieder anzutreffende fach- und berufsübergreifende Fähigkeiten bezieht.

Beurteilungskriterien	Wie ist das beobachtbar?
Kommunikationsfähigkeit	❏ Kommt sie/er mit anderen Menschen gut ins Gespräch (z.B. Smalltalk)?
	❏ Geht sie/er auf andere Menschen zu und hört ihnen gut zu?
	❏ Inwieweit fördert und pflegt der Auszubildende den Informationsaustausch mit anderen?
	❏ In welchem Ausmaß gibt sie/er wichtige Informationen an Vorgesetzte/Kollegen/Kunden weiter (Probleme, Sonderfälle, Anrufe und Ähnliches)?
	❏ Inwieweit beschafft sie/er sich selbst Informationen zur Erledigung der Aufgaben?
	❏ Äußert der Auszubildende offen Kritik?
	❏ Ist ihre/seine Kritik konstruktiv? Hat sie/er mit seiner Kritik Verbesserungsvorschläge geäußert?

Phase A: Der Beobachtungsprozess 4.3

Beurteilungs-kriterien	Wie ist das beobachtbar?
Kommunikations-fähigkeit	☐ Wie bereit ist sie/er, Vorschläge anderer anzunehmen und zu berücksichtigen? Setzt sie/er sich mit der Kritik anderer intensiv auseinander?
	☐ Wie stellt sich die Überzeugungskraft des Auszubildenden im Sinne von „Verkaufen" dar?
	☐ Wie ist die sprachliche Ausdrucksfähigkeit? Kann sie/er sich auf verschiedene Menschen einstellen?
	☐ Wie macht sich die Servicefreundlichkeit des Auszubildenden bemerkbar?
Kooperations-fähigkeit	☐ Wie verhält sich der Auszubildende beim Anbahnen neuer Kontakte?
	☐ Inwieweit fördert und pflegt der Auszubildende den Kontakt mit anderen?
	☐ Wie gut ordnet sie/er sich in das Team ein?
	☐ Hilft sie/er anderen und lässt sie/er sich helfen?
	☐ Unterstützt sie/er den Außendienst?
	☐ Wie verhält sie/er sich in Konfliktsituationen?
Selbstständigkeit	☐ In welchem Ausmaß nutzt der Auszubildende vorhandene Freiräume? Zeigt sie/er eher aktives oder passives Verhalten?
	☐ Erkennt sie/er Aufgaben/Probleme und geht sie/er aktiv an deren Lösungen heran?
	☐ Lässt sich beim Auszubildenden analytisch-logisches Denken beim Lösen von Problemen feststellen? Das heißt: Kann der Auszubildende Probleme in die Bestandteile zergliedern und untersuchen?

Beurteilungskriterien	Wie ist das beobachtbar?
Selbstständigkeit	❑ Findet sie/er Lösungen und setzt sie/er diese um?
	❑ Hat sie/er einen Blick für das Machbare?
	❑ Welche Tatkraft zeigt sie/er, um Hindernisse zu beseitigen?
	❑ Inwieweit beschafft sie/er sich selbst Informationen zur Erledigung der Aufgaben? Wird sie/er aktiv, um Wissensdefizite abzubauen? Und wie geht sie/er dabei vor?
Arbeitsplanung und Organisation	❑ Hat der/die Auszubildende Ziele, an denen er/sie die Aufgaben seines Bereiches ausrichtet?
	❑ Setzt sie/er die Prioritäten richtig und verändert diese gegebenenfalls bei Bedarf? Welche Arbeiten nehmen ein Großteil der Arbeitszeit ein?
	❑ Stellt sie/er Arbeitsabläufe, -einstellung und Struktur in Frage und regelt diese bei Bedarf neu (s. a. Selbstständigkeit)?
	❑ Bezieht sie/er die Zukunft in ihre/seine Planung ein (Entwicklungen im Unternehmen, außerhalb, Entscheidungen anderer Bereiche)?
	❑ Wie planvoll und systematisch werden Aufgaben erledigt?
	❑ Wie nutzt der Auszubildende seine Arbeitszeit; bündelt er gleichartige Tätigkeiten, beachtet er den Tagesrhythmus?
Zuverlässigkeit und Verwendbarkeit der Arbeitsergebnisse	❑ Wie richtig/fehlerfrei sind die Ergebnisse?
	❑ Wie hoch oder niedrig ist der Kontroll-/Korrekturaufwand?

Beurteilungs-kriterien	Wie ist das beobachtbar?
Zuverlässigkeit und Verwendbarkeit der Arbeitsergebnisse	❏ In welchem Ausmaß sind eventuell neue Erkenntnisse berücksichtigt?
	❏ Sind alle denkbaren Sachverhalte/ Bedingungen berücksichtigt?
	❏ Wie schnell liegen Ergebnisse vor?
	❏ Werden vereinbarte oder feststehende Termine eingehalten?
Auffassungsgabe	❏ Kennt sie/er die Anforderungen in seinem Bereich?
	❏ Kennt sie/er die übergeordneten Zusammenhänge für die einzelnen Aufgaben (s.a. Arbeitsplanung)?
Belastbarkeit	❏ Kann der Auszubildende auch bei Arbeitsspitzen ruhig und besonnen arbeiten?
	❏ Welche Ausnahmesituationen (Krankheits-/Urlaubsvertretungen) hat sie/er erfolgreich gemeistert?
Verantwortungsbewusstsein	❏ Trifft sie/er (mutig) Entscheidungen?
	❏ Wie selbstständig trifft sie/er Entscheidungen?
	❏ Wie gut sind Entscheidungen vorbereitet (s.a. Arbeitsplanung)?
	❏ Wie kostenbewusst und/oder marktorientiert sind ihre/seine Entscheidungen?
	❏ In welchem Ausmaß übernimmt sie/er die Verantwortung für alle auftretenden Probleme in seinem Aufgabenbereich?
	❏ Schiebt sie/er die eigene Verantwortung auf andere ab, wenn es unangenehm wird?

Kein Kuhhandel

Im Definieren der Beurteilungskriterien liegt die Vorarbeit eines Beurteilungsprozesses. Je eindeutiger Sie Ihre Erwartungen und Beurteilungskriterien bestimmen und danach kommunizieren, desto effektiver gestaltet sich das Beurteilen von Auszubildenden, da Sie letztendlich nur noch zwischen Soll- und Ist-Zustand vergleichen. Aber: Je nachlässiger Sie diese Vorarbeit erledigen, je diffuser Beurteilungskriterien sind, desto größer ist die Gefahr, dass der Beurteilungsprozess zum „Kuhhandel" verkommt: Es artet in ein Ringen und Feilschen um Positionen aus. Der reinste (Rinder-)Wahnsinn.

Transparenz

Vor dem Hintergrund, dass sich Ihre Beobachtungen aus Konstruktionen und Interpretationen speisen, liegen Sie grundsätzlich mit Ihren Wahrnehmungen richtig. Sie können ja nichts „falsch-nehmen". „Was immer Sie auch sagen: Sie haben recht. Das kleine Problem ist: der andere auch" (SPRENGER, 1995, S. 97). Dieses Problem grenzen Sie dadurch ein, indem Sie Ihre Erwartungen und Beurteilungskriterien eindeutig definieren und kommunizieren. Dadurch ist Ihr Beurteilungsverfahren transparent und berechenbar. Ihr Auszubildender gewinnt die nötige Klarheit sowie das Vertrauen in diese Vorgehensweise und kann sich von Anfang an darauf einstellen. Ob er allerdings Ihren Erwartungen nachkommt, liegt in seinem Entscheidungsbereich.

4.4 Phase B: Das Beurteilen

Nehmen Sie sich für das Beurteilen ausreichend Zeit. Lassen Sie die vergangenen Wochen und Monate Revue passieren. Ziehen Sie dabei die Beobachtungen zu Rate, die Sie erstellt haben. Ist da ein Trend erkennbar? Fassen Sie die Beobachtungen so zusammen, dass sich daraus einige wenige Kernaussagen ergeben. Fügt sich ein Bild zusammen?

Beurteilungsbogen

Legen Sie Ihre Beurteilung schriftlich nieder. Wenn Sie in Ihrem Betrieb einen Beurteilungsbogen benutzen, so füllen Sie diesen aus. Lesen Sie das Niedergeschriebene und fragen Sie sich:

▶ Habe ich die beobachteten Stärken genau herausgearbeitet?
▶ Habe ich einige Beispiele parat, die das belegen?

- ▶ Wie sieht es mit den Schwächen aus? Wann, wo und wie zeigen sie sich?
- ▶ Wo sehe ich Chancen, dem Auszubildenden Wege aufzuzeigen, sich weiter zu verbessern?
- ▶ Wie könnte der Weg zu dieser Verbesserung aussehen?

> **Tipp**
> Wollen Sie die Selbstreflexion Ihres Auszubildenden fördern? Wenn ja, geben Sie dem Auszubildenden etwa drei Wochen vor dem Beurteilungsgespräch einen leeren Beurteilungsbogen. Bitten Sie ihn, diesen vor dem Hintergrund seiner Selbsteinschätzung auszufüllen.

Dieses Vorgehen beinhaltet drei wesentliche Vorteile:

1. Der Auszubildende wird aktiv in den Prozess integriert, was den Charakter eines Coachingprozesses unterstützt: Es ist ein wechselseitiger Prozess.

2. Das Vergleichen zwischen Selbst- und Fremdeinschätzung bietet Ansatzpunkte, um über Abweichungen, deren Gründe und möglichen Veränderungen zu sprechen. — *Selbsteinschätzung*

3. Das Feedback des Auszubildenden fällt in aller Regel fundierter aus.

Bevor Sie einen Termin für das Beurteilungsgespräch vereinbaren, checken Sie, ob Ihnen beim Erstellen nicht ein Beurteilungsfehler unterlaufen ist.

Typische Beurteilungsfehler erkennen und vermeiden

Es gibt eine Reihe wissenschaftlicher Untersuchungen, die typische Beobachtungs- und Beurteilungsfehler nachgewiesen haben. Wenn Sie solche klassischen Fehlerquellen kennen und nach Möglichkeit bewusst vermeiden, haben Sie eine Chance – und geben sie gleichzeitig dem Auszubildenden –, einer möglichst „objektiven" Beurteilung näher zu kommen. Folgende Fehler sind typisch: — *Fehlerquellen*

Vorurteile des Beurteilers

Von Johann Hermann Pestalozzi stammt die Aussage: „Zu frühe Urteile sind Vorurteile, aus denen der Irrtum emporsteigt wie der Nebel aus dem Meere." Vorurteile sind – meistens – unberechtigte Verallgemeinerungen über Sachverhalte oder Personen. Zum Beispiel: „Alle Dicken sind träge und faul", „Grüne Augen, falsche Schlange", „Männer sind klüger als Frauen" oder „Wer rot wird, lügt". Rückschlüsse von körperlichen Merkmalen auf den Charakter, das Verhalten und die Einstellung des Auszubildenden sind wissenschaftlich unhaltbar. Neben den körperlichen Merkmalen sind oftmals auch andere Kriterien wie Geschlecht, Religion, Nationalität, Schulabschluss, soziale Gruppenzugehörigkeit oder andere Faktoren für Vorbehalte ausschlaggebend. Vorurteile können auch durch Aussagen Dritter entstehen.

Tipp

Je bewusster Sie sich Ihrer eigenen Vorurteile sind, desto größer ist die Chance, dass Sie diese bei einer Beurteilung nicht mit einfließen lassen. Bitte denken Sie an die Worte von Günther Steinberg: „Urteile und Bäume müssen wachsen, eh man sie fällt."

Erster Eindruck:

Einige Beurteiler neigen dazu, Informationen, die den ersten Eindruck bestätigen, wahrzunehmen und gegenteilige Eindrücke nicht oder zu wenig zu bewerten. Die Beurteilung wird von Sympathie und Antipathie geprägt.

Übung:

Haben Sie Interesse, in diesem Zusammenhang eine kleine Übung durchzuführen? Wenn ja, denken Sie zunächst intensiv an eine Person, die Sie mögen. Notieren Sie deren Namen. Jetzt denken Sie bitte genauso intensiv an eine Person, die Sie nicht mögen. Notieren Sie ebenfalls diesen „furchtbaren" Namen. Wir kommen gleich darauf zurück.

Haben Sie einen Lieblingsgegenstand? Zum Beispiel ein Feuerzeug, (Urlaubs-)Foto, eine Blumenvase, Schallplatte/CD, einen Kugelschreiber oder ähnlichen Gegenstand, den Sie „anhimmeln". Wenn ja, denken Sie jetzt bitte an Ihren Lieblingsgegenstand und beantworten Sie die folgenden Fragen:

1. Welche Form hat der Gegenstand?
2. Ist es angenehm für Sie, ihn anzusehen?
3. Wie viel ist er wert (materiell/immateriell)?
4. Würde er ein gutes Geschenk für jemanden abgeben?

Wenn Sie jetzt diesen Gegenstand intensiv erleben – welches Gefühl wird in Ihnen in Zusammenhang mit diesem Gegenstand erzeugt? Und nun die Schlüsselfrage:

> Wer hat das Gefühl, dass Sie mit dem Gegenstand verbinden, verursacht? Oder anders ausgedrückt: Was kann der Gegenstand dafür, dass Sie ihn mögen?

Die Antwort lautet: Nichts! Ihr Empfinden ist subjektiv bedingt. Was der eine als angenehm und anregend empfindet, ist für den anderen ein Schrecknis. Denken Sie zum Beispiel an eine 14-tägige Fastenkur im Kloster. Während manch einer diesen Aufenthalt als „Askese" definiert, stempelt manch anderer diese gesundheitliche Maßnahme als „Alles Käse" ab. Auch hier greift die Aussage des Philosophen Epiktet: „Nicht die Dinge sind positiv oder negativ, sondern unsere Einstellungen machen sie so!" Wenn Sie einverstanden sind, dass Sie in Begegnungen mit Menschen für Ihr Empfinden verantwortlich sind, dann können Sie sich selbst als Gestalter des Lebens erfahren, indem Sie Ihre Empfindung verändern. „Zwischen dem Reiz aus der Außenwelt und der Art und Weise, wie Sie reagieren, liegt also das Reich der Freiheit: Ihre Antwort zu verantworten" (SPRENGER 1995, S. 102).

Subjektives Empfinden

Greifen Sie jetzt auf die Namen zurück, die Sie eingangs notiert haben, und stellen Sie sich kritisch die Frage: Was können diese Personen dafür, dass Sie sie mögen beziehungsweise ablehnen? Wenn Sie dem Gedanken von Epiktet konsequent folgen, lautet auch hier die Antwort: Nichts! Ihr Empfinden ist subjektiv bedingt. Hierfür kommen insbesondere drei Gründe in Betracht:

4 Beurteilungen systematisch erstellen und besprechen

Erwartungseffekt

1. Ihre eigene Erwartungshaltung beeinflusst Ihre Wahrnehmung (Erwartungseffekt). Das heißt: Sie nehmen vorzugsweise das wahr, was zu Ihrer eigenen Erwartung passt. Alles andere wird von Ihnen übersehen, abgeschwächt und verändert oder es findet auf verdrehte Weise Eingang in Ihr Urteil: „Das macht er doch nur, weil ..."

Projektionseffekt

2. Jeder Mensch tendiert unbewusst dazu, andere Menschen umso positiver zu beurteilen, je ähnlicher sie ihm sind. Diese Art des Beurteilens wird in der Fachliteratur als „Projektionseffekt" bezeichnet. Je größer die Abweichung ist, desto kritischer fällt das Beurteilen aus. Neben Äußerlichkeiten sind auch Einstellungen, Meinungen, Interessen und dergleichen für diesen Prozess ausschlaggebend.

Kontakthäufigkeit

3. Beurteilungen fallen oft umso positiver aus, je häufiger der Ausbilder mit dem Auszubildenden Kontakt hatte. Selbstverständlich ist ein enger Kontakt zwischen Ausbilder und Auszubildendem nicht nur wünschenswert, sondern unabdingbare Voraussetzung für die spätere Beurteilung. Achten Sie aber darauf, dass aus „Kontaktfreudigkeit" oder „Kontaktarmut" keine Fehlbeurteilungen erwachsen.

Die oben ausgeführte Übung können Sie ohne weiteres auf Ihre Ausbilderfunktion übertragen. Selbst der Auszubildende, den Sie als größten „Kotzbrocken" empfinden, hat in aller Regel Freunde und Familienangehörige, die ihn lieben. Für Ihre Wahrnehmung und die daraus resultierende Beurteilung sind Sie verantwortlich. Daher ist es hilfreich, wenn Sie als Ausbilder immer bereit sind, beim Denken die Richtung zu wechseln – den Auszubildenden stets aus einer anderen Perspektive wahrzunehmen, um „tote Winkel" auszuschließen.

Stellen Sie sich folgende Fragen, um Ihre eigene „Arena" zu vergrößern:

- ▶ Welche Auszubildenden/Mitarbeiter sind mir sympathisch oder unsympathisch?
- ▶ Was genau empfinde ich als anziehend oder abstoßend?

▶ Woran erinnern mich diese „Elemente"?
▶ Was kann ich aus dieser Begegnung lernen?

Dazu ein Beispiel: Die Ausbildungsbeauftragte Meier berichtet während eines Coachingprozesses, dass sie derzeit einen Auszubildenden betreut, den sie vom ersten Tag an nicht leiden konnte. Sie kann ihn einfach nicht „riechen". Im Gespräch kristallisiert sich nach und nach heraus, dass das Rasierwasser, das der Auszubildende benutzt, die Ausbildungsbeauftragte an ihren ehemaligen Vorgesetzten erinnert. Dieser hatte die äußerst unangenehme Eigenschaft, sie regelmäßig vor allen Kollegen „herunterzumachen". Diese gewonnene Bewusstheit ermöglichte ihr, mit dem Auszubildenden anders umzugehen. Durch das Auflösen dieser verhängnisvollen Verstrickung war die Zusammenarbeit frei von emotionalen „Altlasten".

— **Tipp** —

Angenommen, Sie haben bereits 25 Beobachtungen notiert, von denen 23 negativer Art sind. Um ganz sicherzugehen, dass diese Tendenz nicht auf Grund von Antipathie geprägt ist, achten Sie in den nächsten Tagen gezielt auf positive Verhaltensweisen des Auszubildenden. Sollte diese Suche bedauerlicherweise mager ausfallen, liegen Sie wahrscheinlich mit Ihrer Einschätzung richtig. Im umgekehrten Fall wäre es allerdings angebracht, auch weiterhin den Auszubildenden bewusst zu beobachten.

Korrekturfehler:

Hier orientiert sich der Beurteiler an früher einmal erstellten Beurteilungen. Veränderungen – zum guten oder zum Schlechten – werden nicht hinreichend wahrgenommen. Aus Unsicherheit, Bequemlichkeit oder sonstigen Gründen findet keine „Korrektur" statt.

Frühere Beurteilungen

> **Tipp**
>
> Angenommen, Sie haben soeben eine Beurteilung für den Auszubildenden Schulz erstellt. Vergleichen Sie diese mit der vorherigen, und fragen Sie sich selbstkritisch: „Habe ich alle Verbesserungen oder Verschlechterungen angemessen berücksichtigt?"

Milde-Fehler:

Zur Konfliktvermeidung wird der Auszubildende in nahezu allen Bereichen positiv beurteilt. Durch eine zu gute, unkritische Beurteilung wird der Auszubildende um seine Chance beraubt, sich selbstkritisch mit seinen Leistungen auseinander zu setzen und die eigenen Anstrengungen gegebenenfalls zu verstärken.

Tendenz zur Mitte:

Unentschlossene und vorsichtige Beurteiler vermeiden ausgeprägte positive oder negative Beurteilungen zugunsten der Mitte.

> **Tipp**
>
> Erstellen Sie auf der Basis regelmäßiger gewissenhafter Beobachtungen eine Beurteilung. Damit verfügen Sie über eine Grundlage, mit der Sie Bewertungen jenseits der Mitte jederzeit begründen können.

Strenge-Fehler:

Hier wird nach einem zu strengen Maßstab beurteilt. Da auch gute Leistungen nicht hinreichend gewürdigt werden, besteht die Gefahr der Entmutigung des Auszubildenden.

> **Tipp**
>
> Um herauszubekommen, ob Sie dazu tendieren, zu milde oder zu streng zu beurteilen, legen Sie nach einer gewissen Zeit alle von Ihnen erstellten Beurteilungen nebeneinander und vergleichen diese. Angenommen, Sie haben 15 Beurteilungen vor sich liegen, von denen 13 sehr positiv oder negativ ausfallen. Welche Schlussfolgerung ziehen Sie?

Nikolaus-Effekt:

Kurz vor der Bescherung – sprich Beurteilung – strengt sich der Auszubildende besonders an. Nicht wenige Ausbilder verlieren die Fehlleistungen eines Auszubildenden aus dem Sinn, die sich in den ersten Wochen ereignet haben. Wenn der Auszubildende sich gegen Ausbildungsende anstrengt, kann sein Ausbilder dazu tendieren, eine Beurteilung zu erstellen, die eine gute Leistung während des ganzen Zeitraumes vorspiegelt. Manche Auszubildenden wissen das sehr genau und handeln wie der Hausmeister im Apartmenthaus, der die Bewohner von Januar bis November nicht einmal grüßt, aber im Dezember mit Aufmerksamkeit und Freundlichkeit überhäuft – zumindest bis Weihnachten.

Anstrengung vor der Bescherung

In seinem Buch „Die Macht der Freiheit" schildert Hans Olaf Henkel, der ehemalige Präsident des Bundesverbands der Deutschen Industrie, wie er es während seiner Schulzeit oft schaffte, erst in letzter Minute das drohende Sitzenbleiben abzuwenden: „... ja, ich spezialisierte mich geradezu darauf, da ich bemerkt hatte, dass den Leistungen kurz vor Erstellung des Zeugnisses das größte Gewicht beigemessen wurde. So raffte ich mich kurz vor Torschluss auf, machte den gewünschten guten Eindruck und schaffte es um Haaresbreite" (S. 35).

Tipp

Um diesen klassischen Beurteilungsfehler zu vermeiden, ziehen Sie Ihre systematisch notierten Beobachtungen zu Rate.

Überstrahlungsfehler:

Kennen Sie diesen Fehler noch aus Ihrer Schulzeit? Ein Schüler, der in den Hauptfächern gute Leistungen erbracht hatte, bekam oftmals auch in den Nebenfächern gute Noten, obwohl seine Leistungen hier gar nicht so „berauschend" waren. Sehr gute Leistungen oder besonders ausgeprägte Verhaltensweisen auf einem wichtigen Gebiet überschatten durchschnittliche Leistungen auf einem anderen Gebiet, was zu einer insgesamt guten Beurteilung führen kann. Auch schlechte Leistungen können alle anderen Bereiche überstrahlen.

Im Rahmen einer Untersuchung überprüfte eine Psychologin bei Lehrern die Diktathefte ihrer zwei besten und schlechtesten Schüler. Dabei stellte sie fest, dass bei den guten Schülern wesentlich mehr Fehler übersehen worden waren als bei den schlechten Schülern.

> **Tipp**
>
> Auch hier erweist sich der Beobachtungsbogen als hilfreiches Instrument, um das gesamte Leistungsspektrum zu würdigen.

Die nachfolgenden Fragen der Checklsite helfen Ihnen, solche Beurteilungsfehler zu vermeiden. Wenn Sie sich möglichst oft diese Fragen stellen, wird es Ihnen am ehesten gelingen, den für Sie richtigen Beurteilungsmaßstab zu finden.

Objektivität Allein durch dieses Wissen gewinnen Sie die Freiheit, beim Erstellen einer Beurteilung anders zu denken und zu handeln. Aber: Fehler zu kennen bedeutet nicht zwangsläufig, sie auch zu vermeiden. Gehen Sie deshalb sehr sorgfältig und gewissenhaft an jede Beurteilung heran.

Sie beurteilen so objektiv wie möglich, wenn Sie

- ▶ einen möglichst langen Beurteilungszeitraum zur Verfügung haben,
- ▶ häufiger beobachten,
- ▶ sich systematisch und detailliert Aufzeichnungen über verschiedene Ausbildungssituationen zu verschiedenen Zeitpunkten machen,
- ▶ nur gesicherte Feststellungen oder eigene Beobachtungen verwenden,
- ▶ Ansichten über Personen oder Sachverhalte kritisch reflektieren und dadurch Vorurteile vermeiden,

▶ nicht unter Zeitdruck beurteilen,

▶ nicht dann beurteilen, wenn Sie gerade einen Konflikt mit Ihrem Auszubildenden ausgetragen haben.

Checkliste: Beurteilungsfehler

☐ Sind meine Urteile auf Grund regelmäßiger, fortlaufender Beobachtungen entstanden oder habe ich irgendwelche Beobachtungen leichtfertig gedeutet (**Beobachtungsfehler**)?

☐ Ist mir der Beurteilte sympathisch oder unsympathisch? Inwieweit hat dieser Tatbestand meine Urteile beeinflusst (**Projektionseffekt**)?

☐ Hat sich mein Beurteilungsmaßstab durch besonders häufigen Kontakt zum beurteilten Auszubildenden verschoben (**Kontakteffekt**)?

☐ Habe ich beim Erstellen der Beurteilung wesentliche Verbesserungen und/oder Verschlechterungen angemessen berücksichtigt? Oder habe ich mehr oder weniger die alte Beurteilung abgeschrieben (**Korrekturfehler**)?

☐ Was für ein Beurteilertyp bin ich? Bin ich zu streng, zu gutmütig, zu vorsichtig (**Strenge-, Milde-Fehler oder Tendenz zur Mitte**)?

☐ Habe ich mich beim Erstellen der Beurteilung von den letzten Eindrücken zu stark beeinflussen lassen (**Nikolaus-Effekt**)?

☐ Habe ich mich durch hervorstechende Einzelerscheinungen beim Zusammenstellen der Beurteilung beeinflussen lassen (**Überstrahlungsfehler**)?

4.5 Phase C: Das Führen von (Beurteilungs-)Gesprächen

Unabhängig von der Zeit, die Sie mit einem Auszubildenden verbringen, können Sie sich an folgendem Grundschema orientieren:

4 Beurteilungen systematisch erstellen und besprechen

	Einführungsgespräch: ❏ Was steht an? (Aufgabe) ❏ Was wird erwartet? (Fähigkeiten, Kenntnisse, Verhalten, Spielregeln) ❏ Welche Rolle? ❏ Was wird beobachtet? ❏ Was kann an Ungereimtheiten passieren? ❏ Ich will auch ein Feedback.
	Zwischengespräch: a) bei Festellung einer Abweichung b) Standard zur Halbzeit ❏ Wie ist was gelaufen? ❏ Wo gab es Schwierigkeiten? ❏ Was kann so weitergehen? ❏ Was müssen wir ändern?
	Beurteilungsgespräch: Blick in die Vergangenheit ❏ So habe ich dich gesehen. ❏ Das war mein Eindruck. ❏ Situation belegen ❏ Abgleichen der gegenseitigen Wahrnehmungen ❏ Dein Feedback ❏ Meine Empfehlung für die Zukunft

Abb. 13: Grundschema „Das Führen von (Beurteilungs-)Gesprächen"

Das Einführungsgespräch

Ausbildungsbeginn — Idealerweise führen Sie zu Beginn einer Ausbildungsphase ein Gespräch mit Ihrem Auszubildenden, das einführenden Charakter hat. Erklären Sie ihm, in welchem Bereich er in den nächsten Wochen oder Monaten eingesetzt wird. Holen Sie ruhig etwas weiter aus, weil es so dem Auszubildenden leichter fällt, sich etwas unter seiner zukünftigen Tätigkeit vorzustellen und sich klarzumachen, was in Ihrer Abteilung passiert. Erläutern Sie Ihren eigenen Arbeitsplatz und sagen Sie dem Auszubildenden, was seine Aufgaben sind.

Phase C: Das Führen von (Beurteilungs-)Gesprächen 4.5

Geben Sie ihm das möglichst auch schriftlich. Oberflächlich betrachtet ist es vielleicht etwas mehr Arbeit, für Ihren eigenen und den Platz des Auszubildenden eine „Aufgabenbeschreibung" zu erstellen. Jedoch erleichtert es Ihre spätere Arbeit ganz erheblich. Beide Seiten können sich immer wieder darauf beziehen, was schon vermittelt wurde beziehungsweise was noch vermittelt werden muss. Außerdem wird es Ihnen der visuelle oder der kinästhetische Lerntyp danken, etwas lesen oder in der Hand halten zu können.

Aufgabenbeschreibung

Sagen Sie Ihrem Auszubildenden, was erwartete Verhaltensweisen in Ihrer Abteilung sind. Stellen Sie sich vor, der Auszubildende kommt aus einer Abteilung, wo es nicht üblich war, sich morgens mit Handschlag zu begrüßen. In Ihrer Abteilung ist es aber eine lieb gewordene Tradition. Der arme Auszubildende hätte einen schlechten Start, wenn er den Handschlag „vergessen" würde. Wichtig ist auch das Ansprechen von Kleidungskonventionen und Pausenregelungen. Nur bekannte „Spielregeln" können auf Einhaltung überprüft werden.

Erwartetes Verhalten

Fragen Sie sich bei allem, was Sie sagen, ob Sie es selbst einhalten. Krawattenzwang oder Haarnetze wirken nicht überzeugend, wenn Ihr Auszubildender der Einzige ist, der sich daran hält.

Vielfach taucht in Beurteilungsbogen der Begriff „erwartungsgemäß" auf. Zum Beispiel heißt es: „Der Auszubildende entsprach den Erwartungen – oder nicht." Was heißt „erwartungsgemäß"?

Erklären Sie Ihrem Auszubildenden die Kriterien, nach denen er später beurteilt wird. Machen Sie ihm deutlich, was Sie von ihm erwarten, was Ihr Maßstab ist, und belegen Sie das mit Beispielen. Sagen Sie also nicht nur: „Bei mir ist selbstständiges Arbeiten ganz wichtig", sondern: „Herr Meier, stellen Sie sich bitte vor, dass Sie mir täglich eine Übersicht über Konkurrenzpreise erstellen sollen. Es entspricht meinen Erwartungen, wenn Sie mich fragen, wo Sie die notwendigen Informationen herbekommen und dann diese Übersicht mit Hilfe der gegebenen Informationen erstellen. Nicht erwartungsgemäß ist, wenn Sie mich immer wieder fragen, wie Sie die Informationen zur gewünschten Über-

Beurteilungskriterien

sicht bekommen. Sie übertreffen meine Erwartungen, wenn Sie sich zunächst einmal Gedanken machen, wo Sie die benötigten Informationen herbekommen, und mir nach einiger Zeit Ihre Überlegungen mitteilen mit der Frage, ob das so gewünscht ist."

Das Mitteilen darüber, was Sie beobachten und beurteilen werden, fördert die Transparenz Ihres Beurteilungsverfahrens und reduziert dadurch die Subjektivität.

Mit der nachfolgenden Checkliste können Sie sich auf ein Einführungsgespräch vorbereiten:

> **Checkliste: Einführungsgespräch**
>
> ❏ Welche Aufgaben stehen an? Was soll der Auszubildende tun oder unterlassen?
> ❏ Was wird an Fähigkeiten, Kenntnissen, Verhalten und Einhalten von Spielregeln erwartet?
> ❏ Welche Rolle ist für den Auszubildenden vorgesehen?
> ❏ Was wird beobachtet und beurteilt?
> ❏ Was kann an Ungereimtheiten passieren?

Feedback   Wünschen Sie sich ein Feedback vom Auszubildenden? Wenn ja, weisen Sie ihn bereits im Einführungsgespräch darauf hin. Das Feedback kann sich zum Beispiel auf folgende Aspekte konzentrieren:

- ▶ zugewiesene Arbeitsgebiete/-felder,
- ▶ Quantität und Qualität der übertragenen Aufgaben,
- ▶ Arbeitsplatzrahmenbedingungen (PC, Tisch, Telefon ...),
- ▶ individuelle leistungs- und interessenbezogene Freiräume,
- ▶ Orientierung an Aufgabenbeschreibung,
- ▶ Akzeptanz/Integration in der Abteilung,
- ▶ Verhältnis Auszubildender – Ausbildungsbeauftragter,
- ▶ Feedback durch Ausbildungsbeauftragten,

Phase C: Das Führen von (Beurteilungs-)Gesprächen 4.5

- Beurteilung (Einführungs-, Zwischen- und Beurteilungsgespräch),
- sonstige Anregungen.

Nutzen Sie dieses Feedback, um sich und das Ausbildungssystem kontinuierlich weiterzuentwickeln.

Legen Sie sich ein Formular an, das Sie Punkt für Punkt abarbeiten. So könnte ein solches Formular aussehen:

Formular „Einführungsgespräch"		
Einführungsgespräch geführt am:		
Mit:		
Angesprochen:		
Aufgaben des Geschäftsbereichs		
Aufgaben der Abteilung		
Meine eigenen Aufgaben		
Aufgaben des Auszubildenden		
Abteilungskonventionen Begrüßung/Verabschiedung Verhalten bei Geburtstagen Formular „Einführungsgespräch"		
Regelungen Pausen Kleiderordnung		
Beurteilungskriterien Welche sind mir besonders wichtig? Beispiele gegeben?		

Damit ist der Grundstein für einen soliden Soll-Ist-Vergleich gelegt. Sie können jederzeit nachvollziehen, ob Sie dem Auszubildenden im fachlichen Bereich noch etwas „schuldig" sind oder ob er sein Rüstzeug schon komplett erhalten hat. Das gilt auch für den Verhaltensbereich.

Halten Sie sich an das, was Sie vorher gesagt haben. Nichts ist so demotivierend und frustrierend für Ihren Auszubildenden wie das Ändern der Spielregeln im Nachhinein. Erzählen Sie ihm also hinterher nicht, er hätte sich am Telefon mit vollem Namen und Abteilungsbezeichnung melden sollen, wenn Sie ihm das nicht vorher gesagt haben. Deshalb gilt: Bereiten Sie sich sehr gründlich auf ein Einführungsgespräch vor – auch wenn es Ihnen fast pedantisch vorkommt. Was Sie nicht im Vorhinein festgelegt haben, können Sie nicht im Nachhinein thematisieren.

Das Zwischengespräch

Werden Sie in regelmäßigen Abständen beurteilt? Angenommen, Ihr Vorgesetzter teilt Ihnen am Beginn des Jahres seine Vorstellungen mit. Am Ende des Jahres erfahren Sie, dass Sie diesen nicht gerecht geworden sind. Wie finden Sie das? Wahrscheinlich hätten Sie gerne die Möglichkeit gehabt, an sich zu arbeiten. Ohne das Feedback Ihres Vorgesetzten würden Sie trotz allem „ins offene Messer laufen".

Halbzeit Geben Sie Ihrem Auszubildenden eine Chance. Sagen Sie ihm nach dem Feststellen einer Abweichung und/oder als Standard zur Mitte des Ausbildungsabschnittes, was aus Ihrer Sicht toll läuft, wo es noch ein bisschen hapert und was verbessert werden kann. Lassen Sie Ihre Bauchgefühle möglichst aus dem Spiel. Schon für dieses „Halbzeitgespräch" sollten Sie über fundierte Aufzeichnungen verfügen.

Vorbereitung Lehnen Sie das Zwischengespräch an das Instrumentarium an, das Sie im Beurteilungsgespräch benutzen. Wenn Sie über einen Beurteilungsbogen verfügen, wenden Sie ihn an. Das verdeutlicht Ihrem Auszubildenden, wie er aktuell beurteilt würde, und vermeidet Missverständnisse. Lassen Sie sich beim Vorbereiten Ihres Zwischengesprächs von folgenden Leitfragen lenken:

- ▶ Wie ist was gelaufen?
- ▶ Wo gab es Schwierigkeiten?
- ▶ Was kann so weitergehen?
- ▶ Was müssen wir ändern?

Ein Zwischengespräch ist vergleichbar mit einem „Kabinengespräch", das ein Fußballtrainer mit seiner Mannschaft in der Halbzeit führt. Selbst wenn die Mannschaft im Rückstand ist, kann sie das Spiel noch gewinnen. Nutzen Sie das Zwischengespräch, um die Weichen für die zukünftige Zusammenarbeit richtig zu stellen. Werden Sie zum Trainer, zum Coach Ihres Auszubildenden. „Pushen" Sie ihn für die zweite „Spielhälfte".

Das Beurteilungsgespräch

Im Zentrum eines Beurteilungsverfahrens steht der Dialog und nicht das Ausfüllen eines „Formulars". Denn eine Beurteilung ist keine Verurteilung. Ziel ist es, dem Auszubildenden seinen persönlichen Entwicklungsstand und Zielerreichungsgrad aufzuzeigen, zu verdeutlichen, welches Verhalten als problematisch erlebt wird und welches verstärkt werden sollte. Gleichzeitig geht es darum, ihn von der Sorge zu befreien, seine Beurteilung sei ungerecht. Bitte denken Sie daran, wenn Sie ein Beurteilungsgespräch vorbereiten, und nutzen Sie diesen Dialog, um den Auszubildenden, sich und das Ausbildungssystem voranzubringen.

Beurteilung als Dialog

Schauen Sie sich jedes Mal die folgenden Leitsätze an, bevor Sie sich gedanklich mit Ihrem Auszubildenden beschäftigen.

▶ Nutzen Sie das Beurteilungsgespräch dazu, Ihrem Auszubildenden zuzuhören. So kommen Sie eher an die Ursachen für unzureichende Leistungen heran.

▶ Wenn der Auszubildende eine wirkliche Chance haben soll, seine Leistungen zu verbessern, so ist eine gelungene Analyse der Ursachen für unzureichende Leistungen entscheidend.

▶ Ihr Urteil ist immer durch beobachtbares Verhalten zu belegen.

▶ Vermeiden Sie Versuche, die Persönlichkeit des Auszubildenden zu verändern. Geben Sie dem Auszubildenden zu verstehen, dass eine Leistungssteigerung durch verändertes Verhalten möglich ist und nicht durch das Verändern seiner Persönlichkeit.

- Vermeiden Sie Vergleiche zu anderen Auszubildenden. Das hemmt für den Auszubildenden nur den Blick auf die eigene, individuelle Leistung und erzeugt Konflikte im Kreis der Auszubildenden.

- Unterstützen Sie Ihren Auszubildenden beim Suchen nach Lösungsmöglichkeiten.

- Halten Sie fest, welche Lösungsmöglichkeiten Sie gefunden haben, und fixieren Sie, wie Sie diese überprüfen wollen.

- Sollten Sie einen Auszubildenden über längere Zeit betreuen und dementsprechend mehrere Beurteilungen erstellen, dann gilt der folgende Satz: „Die Zeit nach einer Beurteilung ist die Zeit vor einer Beurteilung." Geben Sie sich und dem Auszubildenden also vom ersten Moment an die Chance, seine Leistungen zu verbessern.

Regelmäßig informieren

Wenn Sie einen Auszubildenden regelmäßig über seinen Entwicklungsstand informieren, dürfte „nach Adam Riese" die Beurteilung keine „böse" Überraschung beinhalten. Letztendlich fassen Sie zusammen, worüber Sie mit dem Auszubildenden von Zeit zu Zeit kommuniziert haben.

So führen Sie ein Beurteilungsgespräch

Beurteilung als Motivationsakku

Dem Auszubildenden ist die Beurteilung in einem Gespräch zu eröffnen. Dieses Gespräch spielt eine ganz herausragende, entscheidende Rolle im Kontakt mit Ihrem Auszubildenden. Was Sie hier positiv beeinflussen, wird den Auszubildenden, auch über seine nächsten Einsatzorte hinaus, begleiten. Das Beurteilungsgespräch im Sinne eines Coachingprozesses wird zum „Motivationsakku".

> **Achtung:** Führen Sie diese Art von Tätigkeit schon seit längerem aus? Wenn ja, achten Sie darauf, nicht in Ihre eigene „Routinefalle" zu tappen und zu denken: „Diese Art von Gesprächen habe ich schon tausendmal durchgeführt – das kann ich doch aus dem Effeff."

Bitte denken Sie daran: Eine gute Vorbereitung erleichtert Ihnen und dem Auszubildenden das Leben. Die nachstehende Checkliste hilft Ihnen in jedem Fall:

Checkliste: Beurteilungsgespräche durchführen
☐ Nehmen Sie sich genügend Zeit für das Beurteilungsgespräch.
☐ Vermeiden Sie Störungen, indem Sie das Gespräch unter vier Augen in einem separaten, ruhigen Raum führen.
☐ Steigen Sie positiv oder zumindest neutral in das Gespräch ein und stellen Sie eine angenehme Gesprächsatmosphäre her.
☐ Erklären Sie den Zweck der Beurteilung.
☐ Steigen Sie in die eigentliche Beurteilungsphase mit dem Darstellen Ihrer positiven Beobachtungen ein. Besprechen Sie jeden einzelnen Punkt des Beurteilungsbogens mit dem Auszubildenden. Beißen Sie sich jedoch nicht an Details fest und führen Sie keine Schwächen-Debatten. Wenn Sie die Stärken stärken, schwächen Sie die Schwächen.
☐ Ermuntern Sie den Auszubildenden mit offenen Fragen, zu Ihren Beobachtungen Stellung zu nehmen.
☐ Reagieren Sie sachlich auf Einwände des Auszubildenden, indem Sie wiederum offene Fragen stellen.
☐ Eine alte Gesprächsregel lautet: „Wer behauptet, hat die Beweislast. Wer fragt, führt!" Vermeiden Sie daher Behauptungen. Versuchen Sie, mit offenen Fragen die Ursachen für „Fehlverhalten" zu ergründen.
☐ Vermeiden Sie Generalisierungen wie „immer", „alle", „jeder", „niemand" und „nie". Sie lösen häufig eine Abwehrhaltung aus.
☐ Bieten Sie nur ehrlich gemeinte Unterstützung an. Wenn Sie nicht „rund um die Uhr" unterstützend agieren wollen, konkretisieren Sie Ihr Angebot. So vermeiden Sie Miss(t)verständnisse.
☐ Bevorzugen Sie beim Mitteilen Ihrer Wahrnehmung Ich-Botschaften (= persönliche Beschreibung des Verhaltens) statt Du-Botschaften (= Zuschreibung/Bewertung).
☐ Achten Sie darauf, dass Sie nichts beschönigen oder verniedlichen. Formulieren Sie Ihre Kritik klar und deutlich: Punkt für Punkt.

4 Beurteilungen systematisch erstellen und besprechen

- ❏ Begründen Sie Ihre Kritik und unterbreiten Sie dem Auszubildenden Verbesserungsvorschläge, die es ihm ermöglichen, sich künftig anders zu verhalten.
- ❏ Fixieren Sie mit dem Auszubildenden den genauen Wortlaut der Beurteilung und schreiben Sie das Ergebnis auf.
- ❏ Verdeutlichen Sie dem Auszubildenden, welche Folgen das Beibehalten der festgestellten Mängel haben würde.
- ❏ Treffen Sie klare Absprachen, wie negativ bemerkte Verhaltensmuster abgeschwächt und für den beruflichen Erfolg wichtige Verhaltensweisen verstärkt werden.
- ❏ Lassen auch Sie Bereitschaft zu Veränderungen erkennen.
- ❏ Sollten Ihre Vereinbarungen nicht in die Struktur des zu benutzenden Beurteilungsbogens passen, legen Sie die Ergebnisse Ihres Gesprächs schriftlich nieder und fügen Sie der Beurteilung bei.

Wenn Sie bisher noch nicht viele Beurteilungsgespräche durchgeführt haben und sich einfach noch unsicher fühlen, bietet die nachfolgende Checkliste Ihnen nochmals Hilfestellung für die Frage: „Habe ich auch an alles gedacht?"

Checkliste: Beurteilungsgespräche nachbereiten

Aufgaben	Ja	Nein
1. Was stand im Vordergrund? a) Abrechnung für vergangene Zeiten b) Anlass für den Blick in eine verbesserte Zukunft		
2. Haben Sie das Gespräch positiv bzw. neutral begonnen?		
3. Wurden die guten Leistungen anhand von Beispielen gebührend anerkannt?		
4. Haben Sie zwischen Wahrnehmung und Interpretation getrennt?		
5. Haben Sie eher Ich-Botschaften verwendet (oder Du-Botschaften)?		

Aufgaben	Ja	Nein
6. Haben Sie den Auszubildenden zur Stellungnahme stimuliert?		
7. Wurden die kritisierten Abweichungen genau und korrekt beschrieben? Gewinnt der Auszubildende aus dem „Feedback" Einsichten, die es ihm ermöglichen, in neuer Weise zu handeln (und/oder zu kommunizieren)?		
8. Wurden vielfach offene (oder eher) geschlossene Fragen gestellt?		
9. Konnte der Auszubildende Stellung zum kritisierten Sachverhalt nehmen?		
10. Haben Sie Einwände offen und kooperativ besprochen?		
11. Wurden Ursachen für unzureichende Leistungen ermittelt?		
12. Wurden Lösungsvorschläge zum Beheben von Schwächen vereinbart?		
13. Sind Sie beim Thema geblieben? Haben Sie ein Abschweifen verhindert? Oder haben Sie sich an Details „festgebissen"?		
14. Wurden Entwicklungsmöglichkeiten besprochen?		
15. Haben Sie Vergleiche mit anderen Auszubildenden unterlassen?		
16. Ist das Gespräch positiv ausgeklungen?		

5 Beraten und Konflikte managen

„Wenn die Stürme der Veränderung wehen, gibt es die Möglichkeit Schutzhütten zu bauen oder Windmühlen aufzustellen. Manchmal ist es sinnvoll Schutzhütten zu bauen und manchmal ist es sinnvoll Windmühlen aufzustellen oder sich etwas drittes zu überlegen. Denn Wahlmöglichkeiten zu haben bedeutet Freiheit."
(Martina Schmidt-Tanger)

5.1 Anlässe besonderer Gespräche

Um freies Handeln, flexibles Reagieren, das sinnvolle Einsetzen von Ressourcen und Entscheiden geht es im Beratungs- und Konfliktmanagement. Am Ende steht ein Mehr an (Lebens-)Qualität, erweiterte Potenziale und neue Perspektiven.

Worin besteht der Unterschied zwischen einer Beratungs- und Konfliktsituation?

Um eine Beratung handelt es sich, wenn der Auszubildende Sie in dem Vertrauen aufsucht, dass Sie als Außenstehender ihn beim Lösen eines Problems unterstützen können. Finanzielle Probleme, Prüfungsangst, sich zwischen zwei unterschiedlichen Arbeitsplatzangeboten für die Zeit nach der Berufsausbildung zu entscheiden, oder private Schwierigkeiten sind häufig Anlass für Beratungsgespräche. **Anlässe für Beratungsgespräche**

Im Rahmen einer Konfliktsituation haben Sie als Ausbilder ein Problem mit dem Auszubildenden, das es zu lösen gilt. Unpünktlichkeit, Arbeitsverweigerung, zu viele private Telefonate am Ausbildungsplatz oder zu häufiges und langes Surfen im Internet sind einige Gründe für das Führen eines Konfliktgespräches. **Anlässe für Konfliktgespräche**

In beiden Fällen handelt es sich zweifellos um Kommunikationsprozesse. Wie können Sie solche anspruchsvollen Gesprächssituationen – die eine enorm hohe Flexibilität erfordern – professionell managen? Entdecken Sie dazu die „Geheimnisse" der Kommunikationsgenies. Erfahren Sie, wie Sie die „Tricks" aus der Kiste der Urväter unmittelbar am Ausbildungsplatz umsetzen und wie Sie mit Hilfe von Leitfäden souverän Beratungs- und Konfliktgespräche führen.

5.2 Watzlawick & Co.: Die „Geheimnisse" der Kommunikationsgenies

Sind Sie mutig? Schenken Sie sich einen Augenblick Zeit und Ruhe: Lassen Sie die letzten vier Ausbildungswochen vor Ihrem geistigen Auge Revue passieren. Erinnern Sie sich dabei an Ihr „schönstes" Erlebnis als Ausbildungsbeauftragter.

Ressourcenorientierung

In Ausbilderseminaren geraten manche Teilnehmer bei dieser Frage ins Grübeln. „Darüber muss ich lange nachdenken", „Schlechte Erlebnisse fallen mir dutzendweise ein", lauten einige Kommentare. Nun, wie schaut es in Ihrem „inneren Heimkino" aus? Dieses Vorgehen wird „Ressourcenorientierung" genannt, das zu den Grundlagen des NLP gehört.

Was ist NLP?

Neurolinguistisches Programmieren

Das aus der Beobachtung von erfolgreichen Kommunikatoren heraus entwickelte neurolinguistische Programmieren, kurz NLP genannt, ist ein umfassendes Kommunikationsmodell: „Kommunikation nach innen mit den Strukturen und Prozessen der eigenen Lebenspraxis und Kommunikation nach außen, der Umgang mit den Strukturen und Prozessen der Lebenspraxis von anderen Menschen im Zusammensein und in der Zusammenarbeit mit ihnen" (Mohl 2000, S. 7). Die Kernthese des NLP lautet: Alle Sinneseindrücke und Erfahrungen werden im Gehirn durch neuronale (= neuro) Verknüpfungen gespeichert, die (körper)sprachlich (= linguistisch) mitgeteilt werden können. Diese Speicherungen (= Programme), die das Handeln steuern, lassen sich bei Bedarf neu „programmieren". Dazu gehören mentale Strategien, die unerwünschte Gefühlsreaktionen, unangemessene Verhaltensweisen und problematische Überzeugungen zur Folge haben.

„Die Landkarte ist nicht die Landschaft": Die theoretische Basis des NLP ist der radikale Konstruktivismus. Dessen Kernaussage lautet: Die Menschen sind nicht in der Lage, die objektive Realität zu erfassen. Ihre fünf Sinnesorgane liefern lediglich elektrische Impulse an das Gehirn. Diese sensorischen Inputs verarbeitet der Mensch, verknüpft sie mit bereits vorhandenem Wissen oder Erfahrungen, ordnet sie ein, weist ihnen Bedeutung zu. Das Ergebnis: eine konstruierte Realität. So entstehe im Inneren eines jeden Menschen eine „Landkarte" von der Realität, die nicht als die „Realität" angesehen werden dürfe. Ein Beispiel: Es gibt keine „sympathischen" oder „unsympathischen" Auszubildenden, es gibt nur Auszubildende und Ihre persönliche Reaktion darauf. Selbst der aus Ihrer Sicht größte „Kotzbrocken" hat gute Freunde. Erinnern Sie sich an die Aussage des Philosophen Epiktet: „Nicht die Dinge sind positiv oder negativ, sondern unsere Einstellungen machen sie so!" NLP zu praktizieren bedeutet, Menschen in ihrem „Modell der Welt" zu begegnen. Das Motto: „Scotti, beam mich hoch."

Die Landkarte ist nicht die Landschaft

Wie ist NLP entstanden?

In den siebziger Jahren entstand NLP aus der Zusammenarbeit von John Grinder und Richard Bandler. Zu dieser Zeit arbeitete Grinder als Wissenschaftler der Linguistik an der University of California in Santa Cruz. Bandler, der nebenbei als Gestalttherapeut arbeitete, studierte an dieser Universität Mathematik und Informatik.

NLP-Erfinder

Wie arbeiten erfolgreiche Kommunikatoren? Welche Strategien und Regeln gibt es in dem intuitiven Vorgehen der Spitzenkönner? Wie lassen sich Verhaltensweisen von Spitzenkönnern auf andere übertragen?

Diese Fragen faszinierten Bandler und Grinder. So wie junge Menschen zum Meister in die Lehre gehen, untersuchten sie jahrelang minuziös die Arbeitsweise amerikanischer Therapeuten, um erfolgreiche Kommunikationsexperten kennen zu lernen und deren „Geheimnisse" ihrer Wirksamkeit zu

Analyse von Kommunikationsexperten

entdecken. Ihr Interesse galt zunächst den Therapeuten Fritz Perls, dem Begründer der Gestalttherapie, Milton Erickson, dem bekannten Hypnosetherapeuten, und Virginia Satir, der Mutter der systemischen Familientherapie.

Übertragung von Erfolgsstrategien

Diese drei galten in ihren Bereichen als Koryphäen, weil sie erstaunliche Ergebnisse auch in den Fällen erzielten, bei denen andere Therapeuten keine Erfolge gehabt hatten. Bandler und Grinder nahmen an, wem es gelingt, Menschen therapeutisch zu heilen, muss ein Kommunikationsgenie sein. Durch die akribische Analyse von Video- und Tonbandaufzeichnungen kamen sie den Erfolgsstrategien dieser Spitzenkönner auf die Spur: Bei Virginia Satir entdeckten sie eine ausgefeilte Fragetechnik, von Fritz Perls lernten sie Wesentliches über die Dimension der Zeit, und bei Milton Erickson nahmen sie Techniken seiner Hypnosesprache wahr. Sie suchten aus allen Systemen das Beste heraus, fügten Neues hinzu und nannten es „NLP". Das NLP ist eine pragmatische „Best-Of-Collection" verschiedener Methoden.

Aktivierung aller Sinne

„Mit NLP werden beim Menschen alle Sinne aktiviert, Erfahrungen und Gedanken so erweitert, dass jeder neue Sichtweisen und Wahlmöglichkeiten bei sich entdecken kann. Hierfür benutzt man Sprache, Ausdruck, Vorstellungskraft sowie Situations- und Rollenwechsel" (DECKER 1995, S. 61). Nachdem Bandler und Grinder spektakuläre Erfolge in der therapeutischen Arbeit erzielt hatten, entdeckten sie, dass NLP-Methoden universal einsetzbar sind.

Welche NLP-Elemente können Sie am Ausbildungsplatz nutzen?

Das sich anschließende Beispiel illustriert folgende ausgewählte „Werkzeuge": Pacing, Rapport, Leading und Ankern. Sie gehören zu den Basisfähigkeiten des neurolinguistischen Programmierens.

Ein typisches Anwendungsgebiet

Auszubildender Sommer und Ausbildungsbeauftragter Frühling unterhalten sich beim Frühstücken. Während des Dialoges kommen sie auf die bevorstehende Abschlussprüfung zu sprechen. Auszubildender Sommer: „Ich habe kein gutes Gefühl, was die Abschlussprüfung betrifft. Jetzt an die Prüfung zu denken ängstigt mich, weil ich nicht weiß, was kommt." Ausbildungsbeauftragter Frühling: „Mein Gott, Angst haben wir alle, wenn wir zur Prüfung müssen. Da mach dir man keine Sorgen."

Angenommen, der Auszubildende möchte mit seinem Problem ernst genommen werden. Die Intervention des Ausbildungsbeauftragten wäre in diesem Fall in zweierlei Hinsicht ungünstig: Einerseits werden die Ängste des Auszubildenden durch die Aussage „Angst haben wir alle" verallgemeinert sowie verharmlost. Dadurch kann beim Auszubildenden das Gefühl entstehen, dass er mit seinen Sorgen nicht ernst genommen wird. Andererseits kann das Gehirn – wie Sie bereits wissen – eine Nicht-Anweisung nicht ausführen. Insofern kann die Aufforderung des Ausbildungsbeauftragten Sommer „Da mach dir man keine Sorgen" die Unsicherheit des Auszubildenden verstärken.

Wie könnten Sie als Ausbilder in dieser Situation mit Hilfe von NLP-Werkzeugen pädagogisch angemessen reagieren?

Klären Sie zunächst für sich die entscheidende Frage: „Will ich jetzt mit dem Auszubildenden über die Abschlussprüfung sprechen?" Beenden Sie das Thema, wenn dies nicht der Fall sein sollte. Wenn doch, hören Sie gut zu: Gehen Sie auf das ein, was er Ihnen mitteilt. Gleichen Sie sich dabei mimisch und sprachlich dem Auszubildenden an. In der NLP-Sprache wird dieses Vorgehen „Pacing" bezeichnet und lässt sich wörtlich übersetzen als „in gleichem Schritt mit jemand gehen".

Pacing

Haben Sie einmal beobachtet, was passiert, wenn sich zwei Menschen in einem Restaurant angenehm unterhalten? Häufig haben beide die gleiche oder eine ähnliche Körperhaltung. Auch der Bewegungsrhythmus ist oft synchron. Zündet A sich eine Zigarette an, kurz darauf auch B. Oder nimmt A sein Glas und trinkt, wie lange wird es dauern, bis B dies ebenfalls tut? Unbewusst halten beide „Rapport" (= einen guten Kontakt) miteinander.

Rapport

Wie können Sie Auszubildende „dort abholen, wo sie stehen"?

Kontakt und Vertrauen aufbauen

Synchronisieren der Körpersprache

Durch Synchronisieren der Körpersprache und des Wortschatzes signalisieren Sie Ihr Interesse und schaffen die Grundlage für einen guten Kontakt. Der Auszubildende erkennt sich selbst unbewusst in Ihrem Verhalten wieder. Kritiker des NLP behaupten, dass der gezielte Einsatz von Körperhaltung, Worten, Gestik und Stimme die Gefahr der Persiflage, des Lächerlichmachens des anderen in sich trägt. Sich auf den Gesprächspartner zu justieren hat aber nichts mit „Nachäffen" zu tun: Dies würde Ihr Auszubildender merken; es würde stören und zum Abbruch der Kommunikation führen. Das Anwenden aller NLP-Strategien setzt Interesse und Respekt gegenüber der anderen Person voraus.

Das „Judo-Prinzip" in der Kommunikation

Nachdem Sie sich der Sitzhaltung Ihres Auszubildenden angepasst haben, signalisieren Sie auf der verbalen Ebene Gefühle des Verstandenseins und Vertrauens. Hierbei ist es hilfreich, nach dem „Judo-Prinzip" Druck wegzunehmen, in Dialog zu treten und Absprachen zu treffen. Gehen Sie dazu auf seine Ängste ein: „Die bevorstehende Prüfung ängstigt dich, weil du nicht weißt, was kommen wird?!" könnte Ihre Aussage lauten.

Die Kunst im Umgang mit Widerstand heißt „Judo": mit dem Widerstand gehen und kanalisieren!

Einwände aufgreifen

Greifen Sie Einwände auf statt an. „Beim Pacing müssen Sie nicht die Überzeugungen anderer übernehmen, sondern nur ihre Bedeutung und Gültigkeit für andere respektieren. Sie selbst können der Meinung sein, sie seien falsch" (MCDERMOTT/O'CONNER 1997, S. 55). Akzeptieren Sie wertfrei die Individualität des Auszubildenden; reagieren Sie wie ein Schilfrohr, das sich flexibel dem Wind anpasst, ohne zu entwurzeln. „Erst wer in den Mokassins des anderen gelaufen ist, kennt dessen Bedürfnisse", lautet eine alte indianische Weisheit. Ihr Auszubildender spürt, dass er ein dankbares „Publikum" hat; er fühlt sich ernst genommen und ist darum gesprächiger.

Ziel- statt Problemorientierung

NLP richtet seine Aufmerksamkeit weniger auf ein Problem und seine oft verborgenen Ursachen, sondern bevorzugt das zu Erreichende. Nachdem Sie sich auf Ihren Auszubildenden eingestellt haben, fangen Sie an, den Auszubildenden zu führen, ohne ihn manipulieren oder zwingen zu wollen. In der NLP-Sprache bezeichnet man das Übernehmen der Führung als „Leading". Ihr Auszubildender wird mitgehen, solange die „Chemie" stimmt. Fragen Sie Ihren Auszubildenden: „Wie stellst du dir idealerweise die Prüfung vor?" Achten Sie bei der Antwort darauf, dass das Ziel die im Kontext mit der Motivation ausführlich beschriebenen Kriterien erfüllt.

Leading

Angenommen, Ihr Auszubildender wünscht sich „kraftvolle Gelassenheit" in der Zwischenprüfung. Dieses Ziel ist positiv formuliert; es enthält keine Negationen und Vergleiche.

Auszubildende in gute Zustände führen

Eine Grundannahme im NLP ist, dass jeder Mensch über genügend Ressourcen verfügt, um sich in einen emotional guten Zustand zu bringen. Alles, was zum Erreichen gewünschter Ziele dient, wird im NLP-Jargon Ressourcen bezeichnet. Gemeint sind sowohl äußere Ressourcen, zum Beispiel andere Menschen oder finanzielle Mittel, als auch innere Ressourcen: Fähigkeiten, Stärken, Erfahrungen und Neigungen. Diese Ressourcen liegen in der Geschichte des Menschen; allerdings stehen sie in bestimmten Situationen nicht automatisch zur Verfügung. Sie müssen erst reaktiviert werden. Sinnbildlich formuliert: „Man sieht den Wald vor lauter Bäumen (noch) nicht." Fragen Sie Ihren Auszubildenden: „Hast du in der Vergangenheit eine Prüfung mit kraftvoller Gelassenheit bestanden?" Falls nicht, kann er auf eine andere Situation zurückgreifen, in der er sich kraftvoll und gelassen gefühlt hat. Je ähnlicher die ausgewählte Situation einer Prüfung ist, um so leichter funktioniert der Transfer.

Reaktivierung von Ressourcen

Angenommen, nach kurzem Überlegen bestätigt Ihr Auszubildender, dass er während der Schulzeit einige Prüfungen bravourös bestanden hat. Bitten Sie Ihren Auszubildenden, eine Situation davon auszuwählen, in der er sich kraftvoll und gelassen gefühlt hat. Dabei soll er darauf achten, dass er in dieser Situation für das Gelingen der Prüfung verantwortlich war.

Die Technik des Ankerns

Konditionierung

Das Ankern basiert auf der von Pawlow entwickelten klassischen Konditionierung (s. „Stuhl-Gang-Methode"). Fast jeder kennt dieses Verfahren, das Reiz-Reaktions-Verknüpfungen zur Folge hat: Die Schulglocke läutet die Pause ein, die Werksirene beendet den Arbeitstag, und der schreiende Chef ist kurz danach von einer U-Boot-Mannschaft umgeben: Alle Mitarbeiter sind untergetaucht. „Der Mensch ist ein Gewohnheitstier", heißt es im Volksmund.

Probieren Sie es selbst: Denken Sie an eine große Portion Ihrer Lieblingsspeise! Na, läuft Ihnen bei dieser Vorstellung das Wasser im Munde zusammen? Solche Verknüpfungen passieren in der Regel zufällig und unbewusst. Im Gehirn wird der Gefühlszustand der erlebten Situation mit einem einprägsamen Reiz blitzschnell verbunden. Entsprechende Reize lösen solche Erinnerungen und Gefühle automatisch aus.

Im NLP geht es darum, dieses Reiz-Reaktions-Muster bewusst herzustellen, um in (Prüfungs-)Situationen positive und konstruktive Empfindungen zu mobilisieren. Dieser Konditionierungsprozess wird mit dem Begriff „Ankern" belegt.

Ankerstelle finden und testen

Bitten Sie Ihren Auszubildenden, eine Körperstelle zu suchen, die er unauffällig berühren kann. Zum Beispiel könnte er am Ring drehen, an seiner Uhr spielen, die Brille berühren oder das Ohrläppchen zupfen. Danach soll er sie auf Neutralität hin überprüfen. Wie er das herausfinden kann? Er berührt eine Stelle und achtet darauf, ob irgendeine Assoziation oder ein Gefühl ausgelöst wird.

Positive Erfahrung mit allen fünf Sinnen ankern

Nachdem Ihr Auszubildender eine Ankerstelle gefunden hat, bitten Sie ihn, sich die damalige (Prüfungs-)Situation mit allen fünf Sinnen vorzustellen und diesen Zustand noch einmal intensiv zu erleben. Dabei soll er sich ein klares Bild von sich und der Umgebung machen, die Qualität (Klangfarbe, Tempo) der eigenen Stimme hören und das Gefühl der ruhigen und kraftvollen Gelassenheit spüren. Leiten Sie Ihren Auszubildenden behutsam an, indem Sie sprachlich unspezifisch bleiben. So wie das unbestimmte Wort „Lieblingsspeise" Ihnen ermöglicht, ein Gericht auszuwählen, so inspirieren Sie Ihren Auszubildenden, seine Inhalte zu aktivieren.

> **Vorschlag zum sprachlichen Führen**
>
> „Versetze dich zurück in die Situation, in der du kraftvoll und gelassen eine Prüfung bestanden hast ... Wenn du diese Situation jetzt erlebst: Schau, was du siehst, hör, was du hörst, spür, was du fühlst ... Suche dir den schönsten Moment heraus ... Und wenn er nur kurz ist, verlängere ihn einfach und genieße ihn in vollen Zügen ... Wenn du auf dem absoluten Höhepunkt deines Gefühls bist, ankere dir dieses Erleben, indem du die gewählte Geste ausführst ... Fahre damit fort, solange du im Erleben bist, und löse die Berührung, sobald du dich in die Gegenwart zurückorientierst."

Halten Sie während des Prozesses den guten Kontakt zum Auszubildenden. Um den Auszubildenden nach dem Ankern in die „Gegenwart" zurückzuholen, fragen Sie ihn: „Wie spät ist es?" Wenn Ihr Auszubildender Sie irritiert anschaut, haben Sie Ihr Ziel erreicht. Im NLP nennt man so etwas „Separator". Verwenden Sie einen Separator, wenn Sie die Gedanken in eine andere Richtung lenken wollen. Dazu stellen Sie eine verwirrende Frage, machen eine Pause, bevor das neue „Thema" beginnt, oder lassen eine Bewegung ausführen.

Separator

Anker testen

Abschließend ist es wichtig, den Anker zu überprüfen. Bitten Sie Ihren Auszubildenden, den Anker auszulösen und zu spüren, was passiert. Erlebt der Auszubildende die ressourcevolle Situation? Achten Sie auf seine Physiologie: „Verfällt" er in den gleichen oder einen ähnlichen körperlichen Zustand, funktioniert der Anker. Wenn nicht, wiederholen Sie die Übung. Je öfter Ihr Auszubildender anschließend den Anker einsetzt, desto besser wird er mit der Zeit funktionieren. Spätestens in der Abschlussprüfung verfügt er über eine Technik, die es ihm ermöglicht, die Situation kraftvoll und gelassen zu erleben. Dieses Gefühl lässt sich durch das Mitnehmen von Maskottchen sowie Fotos und das Benutzen von Rasierwasser/Parfüm steigern, vorausgesetzt, dass sie für den Auszubildenden kraftvolle Gelassenheit symbolisieren. Dann wirken sie wie ein Placebo.

Werfen Sie Ihren persönlichen Anker

„Probieren geht über Studieren!" sagt bekanntlich der Volksmund. Überzeugen Sie sich selbst von der Strategie der Ressourcenorientierung. Nehmen Sie das Thema „Motivation" und ankern Sie Ihre persönliche Bestform.

Die acht wichtigsten Schritte zu einer positiven Veränderung:

1. Schritt: Finden Sie den guten „Draht" zum anderen, indem Sie ihn spiegeln (= Rapport herstellen durch Pacing). Bei Rapportabbruch nehmen Sie sich zurück und bauen erneut den Kontakt durch Pacen auf.

2. Schritt: Lenken Sie die Gedanken in eine konstruktive Richtung, indem Sie den anderen ermuntern, Probleme in nutzbare Ziele umzuformulieren (= Leading).

3. Schritt: Aktivieren Sie positive Erfahrungen der Vergangenheit.

4. Schritt: Lassen Sie eine Ankerstelle finden und testen.

5. Schritt: Bitten Sie den anderen, die positive Situation der Vergangenheit mit allen fünf Sinnen zu aktivieren.

6. Schritt: Fordern Sie ihn auf, den Anker auf dem absoluten Höhepunkt des Gefühls zu setzen.

7. Schritt: Setzen Sie danach einen Separator ein, um die Gedanken in eine andere Richtung zu lenken.

8. Schritt: Lassen Sie die Ankerstelle erneut berühren, um zu testen, ob sich die „Glücksgefühle" wieder einstellen.

Ein Nebeneffekt dieser Übung ist: Ihr Auszubildender lernt, dass er („Glücks-)Gefühle per Knopfdruck" auslösen kann. Er entscheidet, wie er sich die Prüfung ausmalt: ängstlich oder kraftvoll sowie gelassen. Beides ist möglich. Der Energieaufwand dafür ist gleich groß. Allerdings: „Sie können in Stresssituationen nur das abrufen, was Ihnen in Fleisch und Blut übergegangen ist" (WOLF/MERKLE 1995, S. 9). Ob (Prüfungs-)Situationen negativ oder positiv sind, hängt nur von einem ab: von der Perspektive. Diese Vorstellung – dass jeder Mensch es selbst in der Hand hat, welcher „Film" im Kopf gerade abläuft – gehört zu den Grundannahmen im NLP.

Glücksgefühle per Knopfdruck

Mentale Vorbereitung

Neben intensiver fachlicher Vorarbeit ist die erfolgreiche Prüfung abhängig von der Überzeugung, mit der gedacht wird. Überzeugungen sollen helfen statt blockieren. Mit Hilfe der Ressourcenorientierung muntern Sie Ihren Auszubildenden auf, seine „mentale Vergiftung" in nutzbare Vorstellungen umzuformulieren. Dabei bleibt er seinem System treu, sich etwas einzureden: Es darf nur von jetzt an etwas Schönes und Positives sein.

Der Erwartungseffekt

Bereits Ende der sechziger Jahre hat der amerikanische Wissenschaftler Robert Rosenthal nach einer Reihe von Untersuchungen die Pygmalion-Theorie aufgestellt. Dieser Theorie nach ist die Macht der Erwartungen – die Sie als Ausbilder an lernende Menschen stellen – so groß, dass durch sie alleine schon deren Verhalten beeinflusst werden kann. Gesetzt den Fall, Sie sind der Ansicht, der zu unterweisende Auszubildende ist ein Dummkopf; mit Ihrer Unterweisung werfen Sie „Perlen vor die Säue". Auch wenn Sie sich noch

Sich selbst erfüllende Prophezeiung

so sehr bemühen, Ihre Einstellung in Gegenwart des Auszubildenden zu verbergen, er wird auftretende Widersprüche an Ihrer „Nasenspitze" erkennen. Diese Theorie ist bekannt unter der Bezeichnung SEP: die sich selbst erfüllende Prophezeihung.

Grundgesetz menschlicher Kommunikation

Was bedeutet „Nasenspitze"? Der österreichische „Kommunikationspapst" Paul Watzlawick definiert ein Grundgesetz menschlicher Kommunikation so: „Jede Kommunikation hat einen Inhalts- und einen Beziehungsaspekt, derart, dass letzterer den ersteren bestimmt ..." (WATZLAWICK 1985, S. 56). Daraus können Sie schließen, dass jedes (Ausbildungs-) Gespräch gleichzeitig auf zwei Ebenen stattfindet: auf der Inhaltsebene beziehungsweise Kopfebene und der Beziehungsebene respektive Bauchebene.

Bauch „sticht" Kopf

Worin besteht der Unterschied? Die Inhaltsebene ist charakterisiert durch das Fragewort: Was? Was wird an Inhalten mitgeteilt? Durch die Art und Weise, wie ein Sprecher etwas ausdrückt, wird die Beziehung zwischen Sprecher und Zuhörer definiert, also auch die Einstellung des Ausbilders zum Auszubildenden. Die Signale der Beziehungsebene sind körpersprachlich. Dazu gehören die Mimik, Gestik, der Tonfall der Stimme, Lautstärke und Geschwindigkeit des Sprechens. Der Begriff „Nasenspitze" steht für diese nonverbalen Signale. Da das nonverbale Verhalten weniger bewusst und auch weniger zu verstecken ist, wird es ehrlicher empfunden als das Gesprochene. Die körpersprachlichen Signale „gewinnen die Oberhand", wenn die verbalen und nonverbalen Botschaften nicht übereinstimmen. Dies ist zum Beispiel der Fall, wenn jemand beim Jasagen vehement seitlich den Kopf schüttelt. Im Klartext: Bauch „sticht" Kopf. Oder wie es im Volksmund heißt: „Der Ton macht die Musik" (s. Abb. 14).

Nonverbale Äußerungen

Nach Paul Watzlawick stellen nonverbale Äußerungen eine Art Verstehensanweisung dar, was er an einem Beispiel zeigt (S. 54): Frau A deutet auf Frau Bs Halskette und fragt: „Sind das echte Perlen?" Der Inhalt dieser Frage ist ein Ersuchen um eine Information; die Stimmlage, der Tonfall, die Situation, in der die Frage gestellt ist, können auf der Beziehungsebene einerseits Bewunderung als auch Neid, andererseits freundliche Anerkennung oder Angriff ausdrücken. Die „Be-

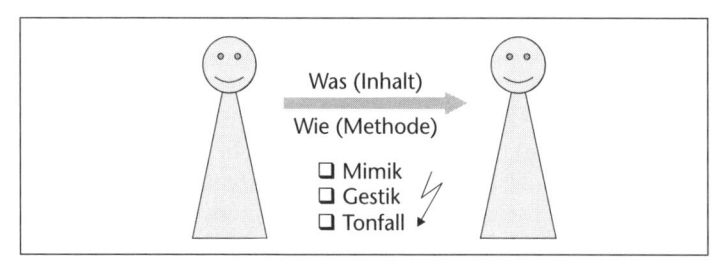

Abb. 14: Kommunikationsmodell nach Paul Watzlawick: Die Qualität der Beziehung bestimmt die Qualität des Gespräches

gleitsignale" können eine verbale Botschaft unterstreichen oder eine Mitteilung beherrschen, sodass der sprachlich formulierte Inhalt in den Hintergrund rückt.

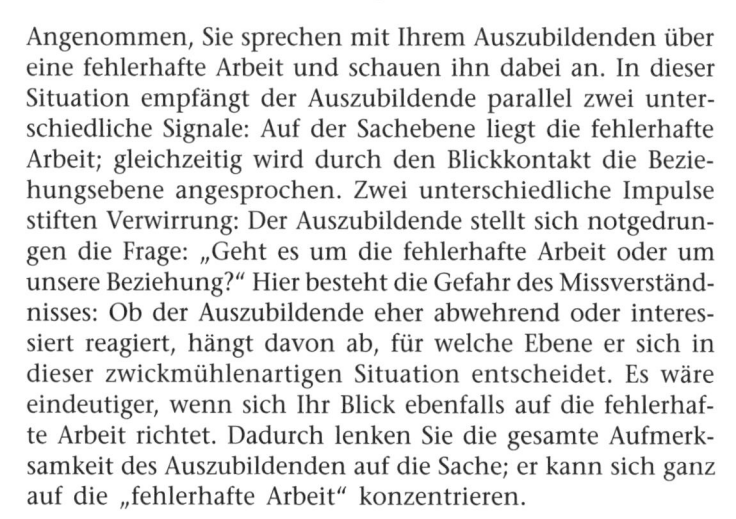

Angenommen, Sie sprechen mit Ihrem Auszubildenden über eine fehlerhafte Arbeit und schauen ihn dabei an. In dieser Situation empfängt der Auszubildende parallel zwei unterschiedliche Signale: Auf der Sachebene liegt die fehlerhafte Arbeit; gleichzeitig wird durch den Blickkontakt die Beziehungsebene angesprochen. Zwei unterschiedliche Impulse stiften Verwirrung: Der Auszubildende stellt sich notgedrungen die Frage: „Geht es um die fehlerhafte Arbeit oder um unsere Beziehung?" Hier besteht die Gefahr des Missverständnisses: Ob der Auszubildende eher abwehrend oder interessiert reagiert, hängt davon ab, für welche Ebene er sich in dieser zwickmühlenartigen Situation entscheidet. Es wäre eindeutiger, wenn sich Ihr Blick ebenfalls auf die fehlerhafte Arbeit richtet. Dadurch lenken Sie die gesamte Aufmerksamkeit des Auszubildenden auf die Sache; er kann sich ganz auf die „fehlerhafte Arbeit" konzentrieren.

> **Tipp**
> Also: Je präziser Sie Ihre Botschaft senden, indem nonverbale und verbale Signale eine Einheit bilden, desto einfacher kann Ihr Auszubildender die Botschaft in Ihrem Sinne verstehen.

Kleines Fazit: Sie sind verantwortlich für das, was und wie Sie etwas sagen. Ob Sie im Rahmen von Kommunikation das Prinzip der Selbstverantwortung konsequent praktizie-

Respekt vor der Individualität des anderen

ren, erkennen Sie zum Beispiel daran, dass Sie bei Missverständnissen das Problem nicht in der Auffassungsgabe des anderen, sondern in Ihrer eigenen Kommunikationsfähigkeit sehen. Sie sagen beispielsweise „Dann habe ich mich falsch ausgedrückt!" statt „Sie haben mich missverstanden!" Auf der anderen Seite ist Ihr Gesprächspartner verantwortlich für seine Interpretation des Gesagten und die daraus resultierende Reaktion. „Missverständnisse sind auch bei (...) idealem kommunikativen Verhalten unvermeidbar. Sie sind die Regel, nicht die Ausnahme" (SPRENGER 1995, S. 121). Es kann also sein, dass Ihr Gesprächspartner Sie nicht versteht, weil Sie von Ihrer „Landkarte" ausgehen, die der andere jedoch nicht kennen kann. „Wenn Sie an einem Gelingen von Kommunikation interessiert sind, ist es erheblich praktischer (...), von einem grundsätzlichen Nicht-Verstehen auszugehen. Je eher Sie zustimmen, dass Verstehen unwahrscheinlich ist, um so mehr werden Sie sich – paradoxerweise – um ein Maximum an Verstehen bemühen. (...) Wie kann nun Kommunikation gelingen? Nicht durch irgendwelche Techniken. Nur durch Respekt vor der Individualität des anderen" (SPRENGER 1995, S. 126).

Zurück zur Ausgangsfrage: Sie haben wahrscheinlich bemerkt, dass die Einstiegsfrage nach Ihrem schönsten Erlebnis als Ausbildungsbeauftragte/-r in den letzten vier Wochen sich am „Erwartungseffekt" orientiert. Auf der Suche nach einer Antwort entdecken Sie Ihre inneren Kraftquellen: Aus ihnen sprudeln Haltungen und Einstellungen, die das Ausbilden und Lernen fördern. Schenken Sie den Erfolgserlebnissen die meiste Zeit. Ihre Begegnungen mit den Auszubildenden werden nach dem Grundsatz der „Sich-selbst-erfüllenden-Prophezeiung" zu „Win-Win-Kommunikationsprozessen": Sie lernen und gewinnen beide.

Transfer

Die NLP-Basisfähigkeiten können Sie universell einsetzen. Das heißt: im Einführungs-, Unterweisungs-, Beurteilungs-, Beratungs- und Konfliktgespräch sowie ganz allgemein im (Berufs-)Leben. Hinzu kommt das lerntyp- und gehirngerechte Kommunizieren, das ausführlich im zweiten Kapitel beschrieben ist.

5.3 Das 7-Schritte-Modell zur Lösung von Problemen

> „'Lass dir aus dem Wasser helfen, oder du wirst ertrinken!' sprach der Affe ... und setzte den Fisch sicher auf den Baum."

In einer Beratungssituation geht es darum, dass ein Auszubildender von Ihnen etwas möchte: eine Information, einen Rat oder sonstige Hilfe. Mit der folgenden Gesprächsstrategie erhalten Sie in Anlehnung an Gührs und Nowak (1995) einen Leitfaden mit vielen Möglichkeiten, die Sie situationsbedingt wählen und gegebenenfalls variieren (mit Konzepten der Transaktionsanalyse).

Beratungsgespräch

1. Schritt: Klären Sie die Grundlagen

Ihre ersten Fragen dienen dazu, die Ausgangssituation zu klären und eine tragfähige Basis für Ihr gemeinsames Vorgehen zu finden. Dazu müssen Sie wissen, worum es überhaupt geht, was der Auszubildende von Ihnen erwartet und ob Sie diese Erwartungen erfüllen wollen und können.

Tragfähige Basis

Fragen an den Auszubildenden:
- Was ist Ihr Problem oder Ihre Frage?
- (Wie) Kann ich Ihnen bei diesem Problem helfen? Was erwarten Sie von mir? Wenn Sie aus diesem Gespräch hinausgehen, was wollen Sie erreicht haben?

Fragen Sie sich selbst:
- Bin ich für das „Thema" zuständig?
- Bin ich der richtige Gesprächspartner? Verfüge ich über die notwendige Kompetenz?
- Will und kann ich an diesem Thema mit dem Auszubildenden arbeiten? Wenn ja, unter welchen Bedingungen?

Wenn Sie bereits in dieser Phase erkennen, dass Sie als Gesprächspartner beispielsweise nicht kompetent oder gewillt sind, weisen Sie den Auszubildenden höflich aber bestimmt ab. Sie ersparen sich und Ihrem Auszubildenden unangenehme Gefühle, die sich zwangsläufig einstellen, wenn Sie trotz Inkompetenz oder „Lustlosigkeit" das Gespräch führen. Nennen Sie statt dessen alternative Ansprechpartner.

2. Schritt: Lassen Sie das Problem beschreiben

Worum geht es? Versuchen Sie in der zweiten Phase festzustellen, worum es dem Auszubildenden vorrangig geht. Vielfach beinhaltet eine genaue Problembeschreibung schon die Lösung. Deshalb ist es wichtig, dass Sie sich für diese Phase genügend Zeit nehmen.

> **Fragen an den Auszubildenden:**
> - Was ist konkret Ihr Problem?
> - Wann tritt es auf? Mit wem? Wie lange schon?
> - Inwiefern ist es Ihr Problem, was ist Ihr Anteil daran?
>
> **Fragen Sie sich selbst:**
> - Spüre ich bei dem Auszubildenden Energie, tatsächlich etwas zu verändern?

3. Schritt: Klären Sie bisherige Lösungsversuche

Checken Sie ab, ob der Auszubildende bereits aktiv am Lösen seines Problems gearbeitet hat oder ob er von Ihnen erwartet, dass Sie für ihn das Problem lösen. „Es ist bequem, unmündig zu sein. Habe ich (…) einen Vorgesetzten, der mir das Denken abnimmt, so brauche ich mich ja nicht selbst zu bemühen", hat einst der Philosoph Immanuel Kant geschrieben.

> **Fragen an den Auszubildenden:**
> - Was haben Sie bislang zum Lösen des Problems unternommen?
> - Welche Ergebnisse haben Sie erzielt?
> - Was schlussfolgern Sie daraus?
> - Angenommen, es existieren ideale Rahmenbedingungen für das Lösen des Problems. Wie sehen die aus?

4. Schritt: Entwickeln Sie gemeinsam Lösungen

Ziel dieser kreativen Phase ist es zunächst, im Rahmen eines Brainstormings „atemlos" eine Vielzahl an Ideen ohne Rücksicht auf reale Möglichkeiten zu produzieren. Nicht die erstbeste ist auch unbedingt die beste Lösung. Achten Sie darauf, dass Sie Ihren Auszubildenden nicht zu oft und zu schnell mit fertigen Lösungsvorschlägen „beglücken". Beratungsprozesse sind Lernprozesse. Ihre Aufgabe ist es vielmehr, durch Aufnahme des letzten Gedankens, durch aufmunternde Worte oder offene Fragen immer wieder das Eigenpotenzial zu stimulieren.

Brainstorming

Aufmunternde Worte:

„Denken Sie einmal in die Richtung … weiter."
„Wenn Sie die beiden Vorschläge kombinieren …"
„Wie wäre es mit …"
„Was würde passieren, wenn …"

Der Auszubildende soll unter Ihrer Begleitung seine eigene Lösung finden. Der Vorteil: Er kann sie bedingungslos annehmen. Der Auszubildende weiß im Rahmen seines Weltbildes am besten, welche Lösung zu ihm passt. Die Maxime lautet: Hilfe zur Selbsthilfe. Bitte denken Sie daran: „Die Kraft liegt im Ratsuchenden."

Hilfe zur Selbsthilfe

Fragen an den Auszubildenden:

❏ Was wünschen Sie sich stattdessen?
❏ Welche Lösungen gibt es?

---

5. Schritt: Lassen Sie eine Strategie wählen

In dieser Phase kann der Auszubildende aus einem Pool an Strategien wählen. Probleme sind noch nicht formulierte Ziele. Achten Sie deshalb darauf, dass die bevorzugte Strategie die Zielkriterien erfüllt.

> **Fragen an den Auszubildenden:**
>
> ☐ Welchen Weg wählen Sie?
> ☐ Was wollen Sie als Erstes tun?

6. Schritt: Lassen Sie einen Zeitpunkt bestimmen

Wann? Die Frage nach dem „Wann" kann viele Zeitpunkte beinhalten: übermorgen, in zwei Jahren, nie oder Ähnliches. Selbst wenn der Auszubildende – aus welchen Gründen auch immer – sich entscheiden sollte, die gewählte Strategie nie umsetzen zu wollen, ist die Wahl auch in Ordnung. Allein diese Entscheidung kann für ihn entlastend wirken. Wenn damit sein Problem gelöst ist und Ihr Beratungsgespräch zum Finden dieser Strategie beigetragen hat, hat sich der Zeitaufwand und Ihr Engagement allemal gelohnt.

Menschen treffen die beste ihnen zur Verfügung stehende Wahl; wenn sie eine bessere Möglichkeit erkennen, werden sie sie nutzen. In diesem Sinne hat Beratung die Aufgabe, den Ratsuchenden dabei zu unterstützen, zu neuen Sichtweisen zu gelangen, um die Wahlfreiheit zu erhöhen. Bitte denken Sie daran: Handeln Sie im Rahmen eines Beratungsgespräches immer im Interesse Ihres Auszubildenden. Was das Beste für ihn ist, weiß er am besten.

> **Frage an den Auszubildenden:**
>
> ☐ Wann und wo werden Sie es tun?

7. Schritt: Ziehen Sie Bilanz

Klären Sie am Ende des Gespräches, was der Auszubildende für sich erreicht hat beziehungsweise was nicht.

> **Fragen an den Auszubildenden:**
>
> ☐ Was haben Sie für sich geklärt?
> ☐ Was ist eventuell noch offen?

Ihre Rolle als Ausbilder

Solange Ausbilder ihre Rolle so verstehen, als sei es ihre Aufgabe, die Probleme ihrer Auszubildenden zu lösen, solange werden die Auszubildenden mit ihren Problemen zum Ausbilder rennen. Wer dies ignoriert, verhält sich so kontraproduktiv wie der Ausbilder, der seinen Auszubildenden jeden Morgen telefonisch weckt, um dessen Pünktlichkeit zu fördern.

Entscheidend ist also die Grundhaltung, mit der Sie einem Auszubildenden im Beratungsgespräch begegnen. Als Berater beziehungsweise Coach sind Sie Methodenspezialist, nicht inhaltlicher Experte. Sie tragen die Mitverantwortung dafür, dass der Auszubildende ein Ergebnis erarbeiten kann, nicht für dessen inhaltliche Qualität. Statt in die Rolle des „Besserwissers" zu schlüpfen, übernehmen Sie den Part des aktiven Zuhörers und des „wandelnden Fragenkatalogs". Sorgen Sie für Perspektivenvielfalt, arbeiten Sie lösungs- und ressourcenorientiert. Prozessleitend ist die Zielbestimmung und die Eigenverantwortung des Auszubildenden.

Methodenspezialist statt inhaltlicher Experte

„Die Kraft liegt im Ratsuchenden" besagt, dass jeder Auszubildende, der ein Problem hat, auch über die Ressourcen verfügt, es zu lösen. Daher liegen mindestens 50 Prozent der Energie zur Problemlösung beim Auszubildenden. Berücksichtigen Sie das Prinzip „Halbe-halbe" beim Fördern der Selbstverantwortung. Fördern Sie dessen Entwicklung, indem Sie durch das Stellen von Fragen den Zugang zu den eigenen Antworten freilegen. Als Ausbilder im Rahmen der Beratung haben Sie eine „Hebammenfunktion": Sie tragen die Lösung nicht selbst aus, sondern fördern Sie zu Tage. Der Auszubildende entscheidet, was für ihn am besten ist. Oder wie der Hamburger sagt: „Wer am Meer lebt, weiß am besten, wie hoch der Deich sein muss."

Ausbilder haben eine „Hebammenfunktion"

Bitte denken Sie daran:

Probleme sind für den Menschen. Darum heißt es auch: Pro-blem und nicht Anti-blem.

Satzanfänge für aktives Zuhören

Wenn Sie ziemlich sicher sind, dass Ihre Eindrücke zutreffen:

- ▶ Sie haben das Gefühl, dass ...
- ▶ Von Ihrem Standpunkt aus ...
- ▶ Wie Sie es sehen ...
- ▶ Sie denken, dass ...
- ▶ Wie ich Sie verstehe ...
- ▶ Mit anderen Worten ausgedrückt sagten Sie, dass ...
- ▶ Aus Ihrer Perspektive ...

Wenn Sie nicht ganz sicher sind, ob Ihre Eindrücke zutreffen:

- ▶ Könnte es sein, dass ...
- ▶ Ich frage mich, ob ...
- ▶ Sagen Sie mir, wenn ich mich irre, aber ...
- ▶ Ist es möglich, dass ...
- ▶ Es hört sich an, als ob Sie ...
- ▶ Ich habe den Eindruck ...
- ▶ Irgendwie habe ich das Gefühl, dass ...
- ▶ Habe ich Sie richtig verstanden, dass ...
- ▶ Ist es richtig, dass Sie ...
- ▶ Sehe ich das richtig, wenn Sie sagen ...

Checkliste: Beratungsgespräch

Aufgaben	Ja	Nein
1. Haben Sie am Anfang vereinbart, worum es gehen soll?		
2. Wurden die Erwartungen des Auszubildenden herausgearbeitet?		
3. Wurde das Problem konkret beschrieben (wann – was – wo – mit wem – wie lange)?		

Aufgaben	Ja	Nein
4. Haben Sie nach den bisherigen Lösungswegen gefragt?		
5. Wurden unter Ihrer Anleitung mehrere Lösungen entwickelt?		
6. Haben Sie den Azubi dabei immer wieder zum Mitdenken stimuliert? Oder waren Sie primär der „Problemlöser"?		
7. Wurden vielfach offene Fragen gestellt?		
8. Konnte der Auszubildende nach dem Stellen einer Frage antworten? Oder haben Sie weitergesprochen?		
9. Haben Sie den Ratsuchenden gefragt, was er als Erstes tun will?		
10. Hat sich der Ratsuchende auf einen Zeitpunkt festgelegt?		
11. Wurde zum Schluss eine Bilanz gezogen?		
12. Sind Sie beim Thema geblieben? Haben Sie ein Abschweifen verhindert?		

5.4 Das 6-Schritte-Modell zur Lösung von Konflikten

Konflikte, so eine Definition, sind spannungsgeladene Auseinandersetzungen zwischen sich widerstreitenden Zielen. Konflikte sind so alt wie die Menschheit. Das liegt daran, dass aus der Verschiedenheit der Menschen unterschiedliche Bedürfnisse entspringen. Ausbildung und Zusammenarbeit ohne Konflikte ist wie Selbstbestimmung ohne Selbstverantwortung. Überall kommt es zu Konflikten. Das ist (Ausbildungs-)Alltag. Immer wieder nutzen Auszubildende Konflikte, um sich mit dem Ausbildungspersonal zu reiben. Dabei schwingen in den seltensten Fällen persönliche Abneigungen mit. Es geht vielmehr um das Erfahren von Grenzen. Einige erleben diese Facette von Alltag als unangenehm; sie wird als belastend und störend empfunden. Es besteht der Wunsch, dass die Zusammenarbeit möglichst reibungslos und konfliktfrei verläuft. Wie sieht die andere Seite der Medaille aus? Können Konflikte auch einen brauchbaren Anteil haben?

Konflikte sind Lernprozesse

Die Kehrseite der Konflikt-Medaille ist der (unbewusste) Wunsch nach Veränderung. In welche Richtung diese Veränderung geht, ist offen. Das kann sehr unterschiedlich sein. Generell verhindern Konflikte Stagnation und fördern (innovative) Entwicklungen. Konflikte sind Lernprozesse, die sich zwischen den Polen „Verändern und Beharren" abspielen. Bitte beachten Sie diese Janusköpfigkeit beim Intervenieren.

Nicht ausgetragene Konflikte bündeln Energien

Die Freiheit in der Zusammenarbeit liegt nicht darin, ob Sie Konflikte wollen oder nicht, sondern wie Sie auf Konflikte reagieren. Wenn Sie Konflikten aus dem Weg gehen, riskieren Sie, dass sich der Auszubildende an das falsche Handeln und Arbeiten gewöhnt und seine Kollegen zu falscher Arbeitsweise ermuntert werden. Nicht angesprochene Fehler basieren auf einem falschen Verständnis. Die Ausbilder meinen es gut. Doch schon Gottfried Benn erinnerte daran: „Das Gegenteil von gut ist gut gemeint." Stillschweigende Kritik durch eine ablehnende Haltung, Mimik oder Gestik führen auf Seiten des Auszubildenden oftmals zu Missverständnissen, was eine Demotivation und latente Konfliktbereitschaft zur Folge haben kann. Latente Konflikte gleichen einem Wasserball, der mit aller Gewalt unter Wasser gehalten wird. Sobald er losgelassen wird, schnellt er explosionsartig an die Oberfläche.

Unkalkulierbare Risiken

Je mehr Kraft das Unterdrücken des Konfliktes kostet, desto weniger Energie bleibt für die eigentliche Lösung. Hinzu kommt: Je länger Unmut „auf die lange Bank geschoben wird", umso größer ist die Gefahr, eines Tages aus scheinbar nichtigem Anlass in die Luft zu gehen. Denken Sie an das „HB-Männchen": Aus einer anfänglichen Kleinigkeit kann sich ein Konflikt entwickeln, bei dem Ursache und Wirkung in keinem vernünftigen Verhältnis mehr stehen.

Das 6-Schritte-Modell zur Lösung von Konflikten 5.4

Ein Beispiel: Bei einem Rundgang sieht Ausbilder Frühling, dass Auszubildender Sommer beim Mischen einer chemischen Substanz keine Schutzbrille trägt. Da Ausbilder Frühling schon genug Ärger hatte, „drückt er ein Auge zu". Er denkt: „Bei Gelegenheit werde ich es ihm sagen!" Zwei Wochen später liefert Auszubildender Sommer eine unvollständige Arbeit ab. Ausbilder Frühling flippt vor den Kollegen aus, macht „Jagd" auf weitere Fehler und tadelt den Auszubildenden in einem vorwurfsvollen Ton: „Und übrigens, neulich haben Sie auch Ihre Schutzbrille nicht getragen ...!"

Also sammeln Sie keine „Rabattmarken" in Form von unguten Gefühlen, sondern sprechen Sie „Kleinigkeiten" unmittelbar an. Formulieren Sie Ihren „Ärger" als Ich-Botschaft. Sie werden im Nachhinein feststellen, wie leicht es Ihnen fällt, „unangenehme" Gespräche zu führen. Die Annahmen über diese Gespräche fallen in der Fantasie häufig viel heftiger aus, als sie in der Realität vorzufinden sind.

Bevor Sie im Hinblick auf Konflikte aktiv werden, klären Sie, ob Sie überhaupt berechtigt sind, ein Konfliktgespräch zu führen. Prinzipiell gibt es dafür nur drei Motive:

Gesprächsmotive

1. Sie fühlen sich emotional betroffen.
2. Es ist Ihr „Job" als Ausbilder.
3. Sie tragen mit der Person eine gemeinsame Verantwortung.

Wenn ein oder mehrere Motive zutreffen, haben Sie „grünes Licht", ein Konfliktgespräch zu führen. Wenn kein Motiv zutrifft, besteht die Gefahr, dass Ihre Intervention zu Recht als unliebsames Einmischen interpretiert wird.

Noch ein Hinweis zu Punkt eins: „Sie fühlen sich emotional betroffen". Wenn Sie sich zum Beispiel vom Verhalten eines Auszubildenden genervt fühlen, fragen Sie sich zunächst:

▶ Was genau stört mich daran?
▶ Warum stört mich das?
▶ Wo liegt mein Problem?

Prinzip Selbstverantwortung

Die Ursachen können dafür bis weit in die Kindheit zurückreichen. So kann eine ausgeprägte Abneigung gegen einen pedantischen Auszubildenden ihre Ursache etwa in einem überstrengen, extrem ordnungsliebenden Vater haben. Das Prinzip Selbstverantwortung gilt auch für denjenigen, der sich von anderen gestört fühlt. Der Essener Unternehmensberater Reinhard K. Sprenger schreibt in seinem Buch „Die Entscheidung liegt bei Dir": „Sie selbst produzieren Ärger, weil Sie gewählt haben, sich zu ärgern. Nichts und niemand kann Sie ärgern. Das müssen Sie schon zulassen." Bitte denken Sie daran: Selbsterkenntnis ist gelegentlich der erste Schritt zur Konfliktlösung.

Nachdem Sie geprüft haben, ob Sie berechtigt sind, ein Konfliktgespräch zu führen, lauten die entscheidenden Fragen im Zusammenhang mit dem Gespräch:

▶ Wollen Sie „Dampf ablassen" („So etwas lasse ich mir nicht gefallen!")?

▶ Wollen Sie mit dem Auszubildenden „abrechnen" („Dem werd ich's zeigen!")?

▶ Wollen Sie Schuldige produzieren („Sehen Sie bloß, was Sie angerichtet haben!")?

▶ Ist es Ihr Ziel, eine klare Anordnung durchzusetzen?

▶ Oder wollen Sie mit dem Auszubildenden in Dialog treten und das Gespräch nutzen, um die künftige Zusamenarbeit zu verbessern? Und wenn, sind Sie gegebenenfalls bereit, Kompromisse einzugehen?

Wenn Sie die beiden letztgenannten Fragen eindeutig mit „Ja" beantworten, kann die folgende Strategie in Anlehnung an Gührs und Nowak Ihnen den Weg durch diese herausfordernde Aufgabe erleichtern. Konfliktgespräche erfordern eine besonders professionelle Kommunikation, da es unter Umständen auf der Beziehungsebene kriselt. Daher gelten alle Hinweise, die Sie bislang zum Thema „Kommunikation" entdeckt haben.

Die Phasen eines Konfliktgespräches

Ein Konfliktgespräch besteht aus drei wesentlichen Stufen: aus einer Vorbereitungs-, Durchführungs- und Nachbereitungsphase.

Phase A: Vorbereitung auf ein Konfliktgespräch

Wie Sie bereits wissen, können Sie ohne vorherige Planung einen Gesprächsverlauf weder kontrollieren und gegebenenfalls Abweichungen von Ihren Zielen erkennen noch gegensteuern. Stellen Sie sich deshalb in der Vorbereitungsphase folgende Fragen:

So bereiten Sie sich auf ein Konfliktgespräch vor

Ziele klären

- Was möchte ich erreichen (Wunschziel)? Tipp: Konzentrieren Sie sich auf die Möglichkeiten der Zukunft statt auf die Fehler der Vergangenheit. Seien Sie ein Teil der Lösung statt des Problems. Stellen Sie sich die Frage: „Wie können wir unsere zukünftige Zusammenarbeit so gestalten, dass beide damit leben können?"
- Was sollte ich erreichen (Minimalziel)?
- Was muss ich vermeiden (Folgeproblem)?
- Welche Argumente habe ich?
- Welche Argumente hat mein Gesprächspartner?

Widerstände vergegenwärtigen

- An welchen Stellen wird Widerstand auftreten?
- Wie kann ich das vermeiden?
- Wenn unvermeidbar, wie reagiere ich dann?

Auf den Gesprächspartner einstellen

- Wer ist der andere?
- Welche Probleme hat er?
- Wie würde ich mich an seiner Stelle verhalten?

5 Beraten und Konflikte managen

> - Was erwartet er von mir?
> - Worauf muss ich achten, damit der sich nicht schlecht fühlt?
>
> **Rahmenbedingungen beachten**
>
> - Gespräch unter vier Augen in einem neutralen Besprechungsraum suchen
> - während des Gesprächs keine Störungen zulassen (Telefonate, Besuche ...)
> - genügend Zeit einplanen

Terminabsprache

Zur Vorbereitung gehört auch die Terminabsprache mit dem Auszubildenden, damit dieser sich ebenfalls auf das Gespräch einstellen kann. In aller Regel wird er sich erkundigen, worum es geht. Geben Sie eine kurze Information, ohne in die Auseinandersetzung einzusteigen.

Phase B: Durchführung eines Konfliktgespräches

1. Vertrag klären (= Ausbilder und Auszubildender)

Bevor Sie den eigentlichen Inhalt besprechen, klären Sie gemeinsam die Rahmenbedingungen. Vereinbaren Sie beispielsweise folgende Gesprächsregeln:

> **Grundlegende Kommunikationsregeln für ein (Konflikt-)Gespräch**
>
> - Jeder darf ausreden.
> - Niemand wird beleidigt.
> - Jeder bleibt sachlich und bemüht sich, verständlich zu reden.
> - Wenn etwas unklar ist: Fragen stellen statt zu vermuten. Wer eine Frage stellt, soll den Hintergrund möglichst erläutern.
> - Keiner wird handgreiflich.

- ▶ Jeder spricht für sich – „ich" statt „man" oder „Wir-Botschaften" senden. Sagen Sie beispielsweise „Ich würde gern meine Ausführungen zu Ende bringen" statt „Sie lassen mich nie ausreden".
- ▶ Schuldzuweisungen werden unterlassen.
- ▶ Informationen austauschen satt Monologe halten.
- ▶ Sich auch in die Situation des anderen hineindenken.
- ▶ Lösungen gemeinsam erarbeiten.

„Ich bin ich, und du bist du. Wenn ich rede, hörst du zu. Wenn du sprichst, dann bin ich still, weil ich dich verstehen will."

Wenn Sie befürchten, dass Sie sich nach kurzer Zeit, die „Köpfe einschlagen" werden, verständigen Sie sich auf einen neutralen Moderator.

2. Problem darstellen (= Ausbilder)

Beschreiben Sie das beobachtete Verhalten genau, das Anlass zum Kritisieren gibt. Werden Sie nicht persönlich. Kritisieren Sie ausschließlich die Arbeit und die Leistung des Auszubildenden, nicht seine Person. — Nicht persönlich werden

„Herr Meier, ich habe wahrgenommen, …"

Schildern Sie, warum Sie „betroffen" (ärgerlich, wütend, sauer ...) sind; erläutern Sie, welche Probleme sich aus der Situation im Hinblick auf menschliche, fachliche und organisatorische Aspekte ergeben.

„Herr Meier, ich fühle mich …"

Vermeiden Sie, alte Kamellen durchzukauen, und behalten Sie im Blick, was für den Auszubildenden verkraft- und bearbeitbar ist.

5 Beraten und Konflikte managen

> **Vermeiden Sie falsche Gesprächseinstiege**
> ▶ Angriff verleitet zum Gegenangriff
> ▶ Absicherung verleitet zur Gegensicherung
> ▶ Position definieren führt zum Definieren einer Gegenposition
> ▶ Langer Monolog zwingt zum Unterbrechen, Unaufmerksamkeit und führt zum Gegenmonolog
> ▶ Einstieg in Details reizt zum Widerspruch

3. Stellungnahme einholen (= Auszubildender)

Wahrnehmung Eine weitere Stufe ist die Stellungnahme des Auszubildenden. Ein Gesetz der Kommunikation besagt: „Jeder nimmt Situationen anders wahr als ich." Deshalb gleichen Sie zunächst ab: Hören Sie den Erklärungen genau zu. Was sieht und empfindet Ihr Auszubildender? Wie schätzen Sie das Problem ein? Beachten Sie die bewährte Gesprächregel: „Wer behauptet, trägt die Beweislast. Wer fragt, führt." Vermeiden Sie dabei die Frage „Warum". Das „Warum" führt in die Vergangenheit, in der nichts mehr zu ändern ist. Was können Sie jetzt tun?

Eventuell wird der kritisierte Auszubildende versuchen, die Sache etwas anders darzustellen, um damit sein Verhalten zumindest teilweise zu rechtfertigen. Wenn Ihr Auszubildender bestreitet, was Sie in der Situation wahrgenommen haben, suchen Sie zunächst nach Möglichkeiten des Überprüfens. Zum Beispiel können Sie vereinbaren, künftig gemeinsam auf den konfliktträchtigen Punkt zu achten. Vielfach führt diese Maßnahme schon zu einer deutlichen Veränderung. Warum? Der Auszubildende will Ihnen beweisen, dass Sie Unrecht haben. Gönnen Sie ihm diesen Triumph. Sie haben auf alle Fälle Ihr Ziel (?) erreicht.

Maßnahmen, die Sie ergreifen können, um das Problembewusstsein des Auszubildenden zu fördern:

▶ Beschreiben Sie erneut das Problem.

▶ Bieten Sie eine Identifikation an:
„An Ihrer Stelle würde es mir folgendermaßen gehen ..."
„Ich kann mir gut vorstellen, dass Ihnen diese Situation unangenehm ist."

▶ Fordern Sie zur Identifikation auf:
„Für mich als Ausbilder geht es auch um sehr viel: Versetzen Sie sich einmal in meine Lage. Was würden Sie in meiner Situation tun?"

▶ Bieten Sie eine Interpretation für das Verhalten an:
„Ich habe den Eindruck, dass Sie häufig fehlen, weil Ihnen das Arbeiten hier keinen Spaß macht. Wie denken Sie darüber?"

▶ Legen Sie die unausgesprochene Aussage offen:
„Verstehe ich Sie richtig, dass Sie keinen Anteil am Zustandekommen des Problems haben? Bedeutet das, dass meine Wahrnehmung völlig falsch ist?"

▶ Brechen Sie ein eingefahrenes Gespräch ab:
Begründen Sie kurz, warum Sie das Gespräch abbrechen, ohne erneut in die Diskussion einzusteigen. Klären Sie den Zeitpunkt und die Bedingungen für das Fortsetzen des Gesprächs.

Quelle: GÜHRS/NOWAK: Das konstruktive Gespräch. Ein Leitfaden für Beratung, Unterricht und Mitarbeiterführung mit Konzepten der Transaktionsanalyse, 1995, S. 190 f.

4. Anliegen mitteilen (= Ausbilder)

Sagen Sie klar, dass Sie das gezeigte (Leistungs-)Verhalten nicht tolerieren, und fragen Sie nach Lösungsvorschlägen. Oder beschreiben Sie konkret, was Sie künftig vom Auszubildenden erwarten.

„Herr Meier, ich wünsche/erwarte von Ihnen, dass Sie ..."

> **Vermeiden Sie folgende Redewendungen:**
> ▶ „Vielleicht sollten Sie einmal ..."
> ▶ „Könnten Sie eventuell ein bisschen ..."
> ▶ „Es wäre nett, wenn Sie ..."
> ▶ „Vielleicht sollten wir es einmal probieren ..."

5. Reaktion einholen (= Auszubildender)

Offene Fragen Ermuntern Sie mit Hilfe von offenen Fragen den Auszubildenden zur Stellungnahme. Erkundigen Sie sich nach seiner Meinung. Fordern Sie ihn auf, eigene Vorschläge zum Lösen des Konflikts zu nennen, ohne diese vorschnell zu bewerten.

> „Herr Meier, was meinen Sie dazu? Wie stellen Sie sich die Situation in der Zukunft vor?"

6. Bilanz ziehen (= Ausbilder und Auszubildender)

Gemeinsame Lösung Besprechen Sie die Vorschläge. Einigen Sie sich auf das Vorgehen: Sie stehen hier und Ihr Auszubildender dort. Sie sagen, was Ihnen wichtig ist, und Ihr Auszubildender sagt, was ihm wichtig ist. Dann suchen Sie gemeinsam den Punkt, an dem Sie beide „Ja" sagen (s. Abb. 15).

Ein Beispiel

In einem größeren Unternehmen der Mineralölindustrie werden junge Menschen zur Kauffrau beziehungsweise zum Kaufmann im Groß- und Außenhandel ausgebildet. Ein vierwöchiger Aufenthalt an einer Tankstelle ist obligatorischer Bestandteil des betrieblichen Ausbildungsplanes. Während eines Gespräches versucht der Auszubildende Sommer, seinen Ausbildungsbeauftragten Frühling von der Sinnlosigkeit dieses Einsatzes zu überzeugen:

„Herr Frühling, ich habe mich bei den Kollegen erkundigt, die bereits den Ausbildungsabschnitt hinter sich haben. Von Ihnen habe ich erfahren, dass es sich dabei um einen ganz schlimmen Ausbildungsabschnitt handelt. Da muss man den Hof kehren, bei Wind und Wetter draußen stehen, um ir-

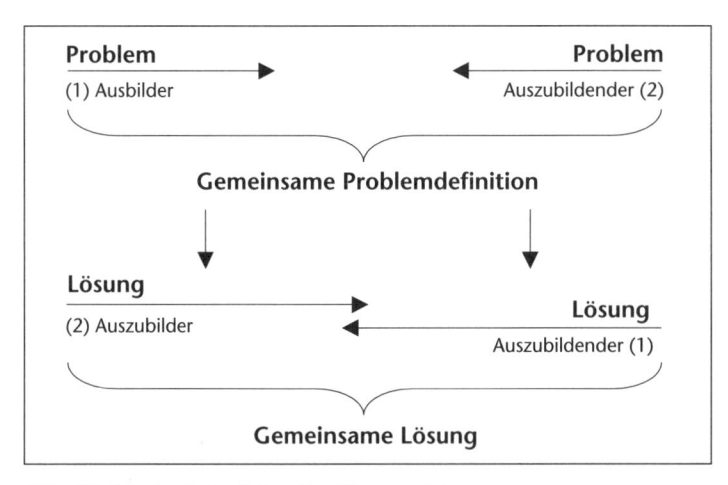

Das 6-Schritte-Modell zur Lösung von Konflikten 5.4

```
Problem                                    Problem
(1) Ausbilder                              Auszubildender (2)
           _____  _____/
                             \/
              Gemeinsame Problemdefinition

Lösung
(2) Ausbilder                              Lösung
                                           Auszubildender (1)
           _____  _____/
                             \/
                   Gemeinsame Lösung
```

Abb. 15: Idealer Verlauf eines Konfliktgespräches

gendwelche Tanksäulen zu putzen oder Autos abzuspritzen. Hinzu kommt, dass die Pausenzeiten nicht eingehalten werden. Manche Kollegen meinen sogar, dass es sich dabei um eine moderne Form der Ausbeuterei von Auszubildenden handelt. Da herrscht anscheinend ein ganz schlechtes Klima. Die zuständige Ausbildungsbeauftragte soll nicht Haare auf den Zähnen haben, sondern Borsten. Außerdem weiß ich gar nicht, wie ich dahin kommen soll. Zur Firma nimmt mich mein Vater jeden Tag mit. Aber ich kann von ihm nicht verlangen, dass er meinetwegen jeden Tag diesen Umweg in Kauf nimmt, nur um mich zur Tankstelle zu fahren. Zumal ich der Ansicht bin, dass das sowieso nichts bringt, vier Wochen an der Tankstelle rumzuhängen. Säulen putzen und so'n Kram, dass werde ich später niemals für einen Job im Marketing gebrauchen können. Ich bin eher ein Büromensch. Deswegen habe ich mich ja auch als Kaufmann bei Ihnen beworben und nicht als Tankwart. Gibt es nicht eine Möglichkeit, diesen Ausbildungsabschnitt zu umgehen?"

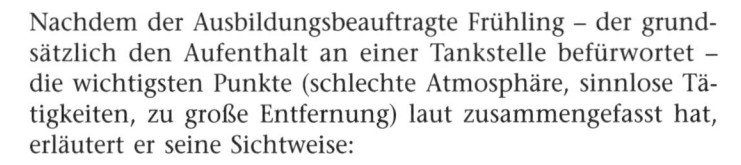

Nachdem der Ausbildungsbeauftragte Frühling – der grundsätzlich den Aufenthalt an einer Tankstelle befürwortet – die wichtigsten Punkte (schlechte Atmosphäre, sinnlose Tätigkeiten, zu große Entfernung) laut zusammengefasst hat, erläutert er seine Sichtweise:

"Herr Sommer, wenn ich Sie richtig verstanden habe, beabsichtigen Sie, nach Abschluss Ihrer Ausbildung in der Marketingabteilung anzufangen. Dafür ist es wichtig zu wissen, wie das Geschäft an einer Tankstelle funktioniert. Worauf achten die Kunden? Wie wird plakatiert? Welche Marketingmaßnahmen machen wir? Wie werden die umgesetzt? All das können wir zwar theoretisch hier am Schreibtisch besprechen, aber erleben können Sie es besonders gut vor Ort. Lassen Sie uns doch gemeinsam überlegen, wie Sie den Aufenthalt so lehrreich wie möglich auch im Hinblick auf Ihren späteren Einsatz im Marketing nutzen können."

Da es keine festgelegte Station für den Einsatz an der Tankstelle gibt, einigen sich zum Ende des Prozesses die Gesprächspartner, dass der Auszubildende Sommer für vier Wochen an einer wohnortnahen Tankstelle den Ausbildungsabschnitt absolviert. Bis dahin erarbeitet er eine Checkliste, mit deren Hilfe er den Einsatz aus marketingspezifischen Gesichtspunkten erleben kann.

(Teil-)Ziele vereinbaren
Gehen Sie beim Lösen schwerwiegender Probleme nicht „aufs Ganze" (das machen nur Quizkandidaten). Vereinbaren Sie zumutbare Teilschritte.

Aktionsplan erstellen
Fassen Sie die wesentlichen Gesprächsergebnisse zusammen. Kommunikationsprozesse sind häufig Quellen für unterschiedliche Interpretationen. Schätzen Sie diese Gefahr als besonders hoch ein, fixieren Sie die Resultate schriftlich. Dies betrifft sowohl die erzielten Übereinstimmungen als auch die vorerst unüberbrückbaren Gegensätze sowie weitere Aspekte. Erstellen Sie einen Aktionsplan: Wer macht was bis wann? Setzen Sie sich gegebenenfalls einen Folgetermin.

Bilanz ziehen
Lassen Sie das Gespräch positiv ausklingen („Ich bin froh, dass wir dieses Gespräch so konstruktiv geführt haben. Ich bin sicher, dass auf dieser Basis unsere zukünftige Zusammenarbeit besser funktioniert."). Geben Sie sich gegenseitig Feedback: „Wie habe ich das heute erlebt? Was war für Sie wichtig?" Achten Sie dabei auf die Feedback-Regeln, die im dritten Kapitel beschrieben sind.

Phase C: Nachbereitung des Konfliktgespräches

Nutzen Sie die nachstehende Checkliste (S. 167), um das Gespräch auszuwerten. Erledigen Sie die Aufgaben, für die Sie laut Vereinbarung zuständig sind. Achten Sie darauf, dass der Auszubildende ebenfalls seine „Hausaufgaben" erfüllt. Halten Sie den eventuell vereinbarten Folgetermin ein. Selbst wenn alles „super" läuft, nutzen Sie diesen Termin, um dem Auszubildenden ein positives Feedback zu geben.

„Hausaufgaben" erledigen

Die Strategie im Überblick

1. Bereiten Sie sich auf ein Konfliktgespräch vor.

2. Vereinbaren Sie mit dem Auszubildenden Gesprächsregeln, die es Ihnen ermöglichen, den Konflikt möglichst sachlich auszutragen.

3. Beschreiben Sie aus Ihrer Sicht das Problem.

4. Hören Sie den Schilderungen des Auszubildenden genau zu. Max Frisch schreibt: „Jeder Versuch, sich mitzuteilen, kann nur mit dem Wohlwollen des anderen gelingen."

5. Teilen Sie dem Auszubildenden Ihre Erwartungen/Wünsche im Hinblick auf die zukünftige Zusammenarbeit mit.

6. Erkundigen Sie sich nach der Meinung des Auszubildenden.

7. Ziehen Sie gemeinsam Bilanz.

8. Erledigen Sie Ihre „Hausaufgaben".

Einige Anmerkungen zum Gesprächsmodell

Alternativ zum dargestellten Modell können Sie in der Phase B die Punkte zwei (Problem darstellen) und vier (Anliegen mitteilen) verknüpfen sowie die Punkte drei (Stellungnahme einholen) und fünf (Reaktion einholen) kombinieren. Die Gefahr, dass dadurch zu lange Monologe entstehen, können Sie durch vereinbarte „Redezeiten" verkleinern.

Gesprächsvarianten

Generell ist zu beachten, dass Sie sich nicht in den Phasen der Problembeschreibung und Stellungnahme durch den Auszubildenden verheddern. Es hat keinen Sinn, dem Auszubildenden immer wieder aufzuzeigen, was er falsch gemacht hat. Wahrscheinlich weiß er das schon, bevor Sie mit ihm sprechen.

Konzentration auf zukünftige Verbesserungen

Es ist auch sinnlos, über die unterschiedlichen Wahrnehmungen zu streiten. Ein Streit um Wahrnehmung verläuft wie bei Kindern: Es schaukelt sich hoch und ist am Ende nicht mehr überprüfbar. Vor dem Hintergrund des Konstruktivismus haben Sie mit Ihrer Wahrnehmung sowieso Recht. Allerdings der Auszubildende auch. Dale Carnegie, der Altmeister des positiven Denkens, bringt es auf den Punkt: „Zwei Männer späh'n durch Kerkergitter in die Ferne. Der eine sieht den Schmutz, der and're sieht die Sterne." Im Sinne einer Reduzierung von Lernwiderständen wäre ein „Ping-Pong-Spiel", in dem es um Rechthaben geht, kontraproduktiv. Ron Smothermon schreibt in seinem „Drehbuch für Meisterschaft im Leben" sehr treffend: „Es bringt nichts, zu versuchen, jemanden vom Abspulen seiner Rechtfertigungen bezüglich der Richtigkeit seiner Haltungen abzubringen. So werden die betreffenden Haltungen nur verstärkt. Sehr wohl bringt es etwas, Rechtfertigungen ablaufen zu lassen. Sie haben keine natürliche Energiequelle und sind für ihr Weiterbestehen von Widerstand abhängig." Konzentrieren Sie sich stattdessen auf die Verbesserungsmöglichkeiten.

Yin und Yang

Hören Sie zu, wenn ein Auszubildender Gründe nennt, die ihn davon abhalten, Vereinbarungen einzuhalten. Erklären Sie ihm, dass Sie nicht (?) die Befugnis haben, ihm diese Freiheit zuzugestehen. Wenn ein Auszubildender in gleichen oder ähnlichen Fällen immer wieder zu Kritik Anlass gibt, sagen Sie ihm, mit welchen Folgen er zu rechnen hat. Fragen Sie ihn: „Wie gehen wir jetzt damit um, dass Sie offenbar kein Interesse an einer Zusammenarbeit haben?" Wenn das nichts nützt, müssen Sie Maßnahmen in Erwägung ziehen, die dem Abstellen des unangemessenen Verhaltens Nachdruck verleihen. Es fällt Ihnen vielleicht leichter, diese (unangenehme?) Aufgabe zu erledigen, wenn Sie sich noch einmal die Worte von Gührs und Nowak vor Augen führen:

„Jeder Mensch hat das Recht, die Folgen des eigenen Verhaltens selbst herauszufinden und zu erleben, was das für ihn bedeutet. Manchmal ist das auch bei erwachsenen Personen ein unausweichlicher Schritt." Das Prinzip lautet: Yin und Yang. Wenn Sie dieses Zweisäulenprinzip beherzigen, „schlagen Sie zwei Fliegen mit einer Klappe": Sie schützen sich vor Überforderung und Ihren Auszubildenden vor Unterforderung.

Checkliste: Konfliktgespräch

Aufgaben	Ja	Nein
1. Haben Sie im Vorfeld einen Termin vereinbart?		
2. Stand die erwartende Verhaltensänderung im Vordergrund (oder das Kritisieren)?		
3. Wurde vermieden, den Auszubildenden vor anderen bloßzustellen?		
4. Haben Sie primär Ich-Botschaften verwendet?		
5. Haben Sie ausreichend Fragen gestellt?		
6. Haben Sie den Dialog gesucht?		
7. Haben Sie das Gespräch positiv begonnen und beendet?		
8. War das Konfliktgespräch sachlich? Haben Sie persönliche Angriffe oder Anspielungen unterlassen?		
9. Wurden die kritisierten Abweichungen genau und korrekt beschrieben? Gewinnt der Gesprächspartner aus dem „Feedback" Einsichten, die es ihm ermöglichen, in neuer Weise zu handeln (und/oder zu kommunizieren)?		
10. Konnte der Auszubildende Stellung zum kritisierten Sachverhalt nehmen?		
11. Haben Sie Einwände offen und kooperativ besprochen?		

5 Beraten und Konflikte managen

Aufgaben	Ja	Nein
12. Haben Sie sich in die Lage des Auszubildenden versetzt?		
13. Sind Sie beim Thema geblieben? Haben Sie ein Abschweifen verhindert?		
14. Haben Sie den Gesprächspartner aufgefordert, ebenfalls Lösungen vorzuschlagen?		
15. Haben Sie aktiv zugehört?		
16. Haben Sie bei Ausflüchten, Beschönigungen und Notlügen sachliche Fragen nach Einzelheiten gestellt?		
17. Haben Sie Vergleiche mit anderen Auszubildenden unterlassen?		
18. Haben Sie sich mit dem Auszubildenden geeinigt, wer was bis wann erledigt? Haben Sie das künftige Verhalten konkret und eindeutig vereinbart?		

Checkliste: Wie effektiv ist Ihre Gesprächsführung?

Aufgaben	Ja	Nein
1. Bereiten Sie sich inhaltlich auf jedes Gespräch vor?		
2. Gehen Sie mit klaren Zielen in das Gespräch?		
3. Informieren Sie vorher über das Gesprächsthema?		
4. Stecken Sie vorher den zeitlichen Rahmen ab?		
5. Stellen Sie sich situativ auf Ihren Auszubildenden ein?		
6. Nennen Sie zu Beginn Thema und Ziel des Gesprächs?		
7. Schlagen Sie einen Gesprächsablauf vor?		

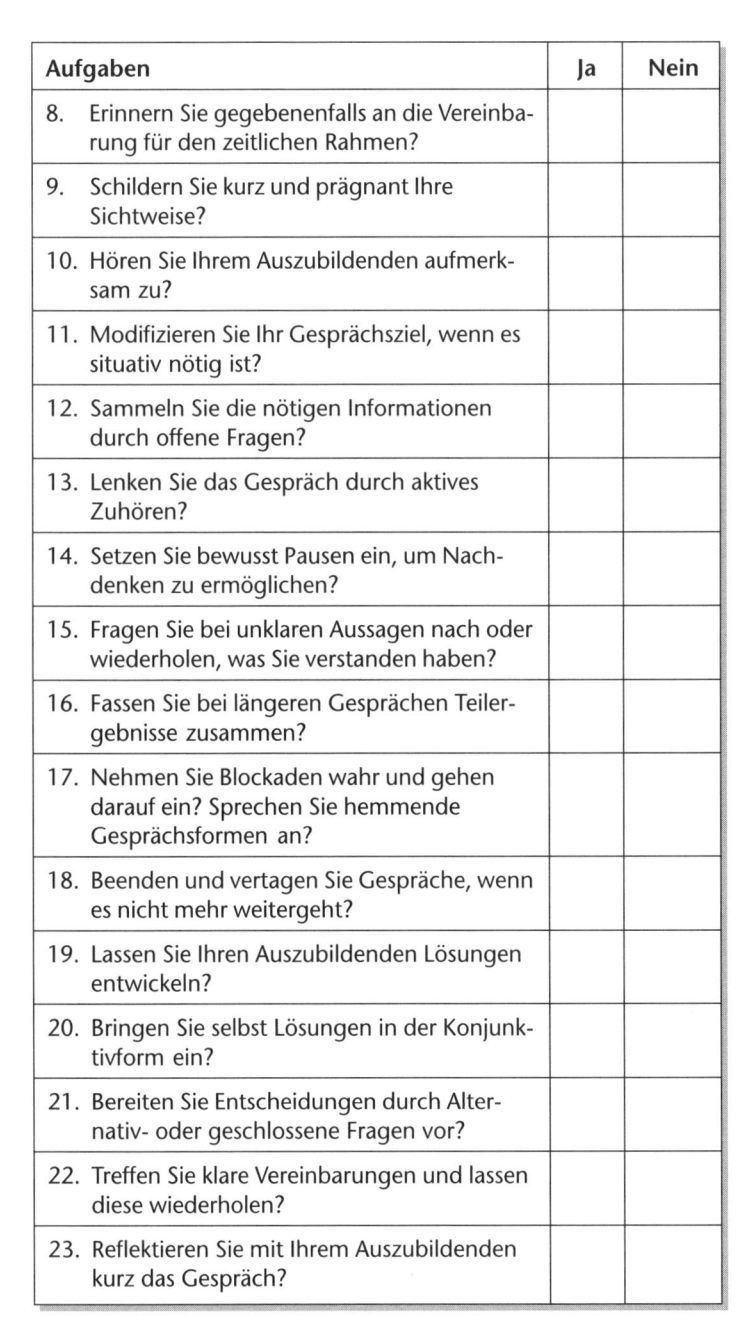

Das 6-Schritte-Modell zur Lösung von Konflikten 5.4

Aufgaben	Ja	Nein
8. Erinnern Sie gegebenenfalls an die Vereinbarung für den zeitlichen Rahmen?		
9. Schildern Sie kurz und prägnant Ihre Sichtweise?		
10. Hören Sie Ihrem Auszubildenden aufmerksam zu?		
11. Modifizieren Sie Ihr Gesprächsziel, wenn es situativ nötig ist?		
12. Sammeln Sie die nötigen Informationen durch offene Fragen?		
13. Lenken Sie das Gespräch durch aktives Zuhören?		
14. Setzen Sie bewusst Pausen ein, um Nachdenken zu ermöglichen?		
15. Fragen Sie bei unklaren Aussagen nach oder wiederholen, was Sie verstanden haben?		
16. Fassen Sie bei längeren Gesprächen Teilergebnisse zusammen?		
17. Nehmen Sie Blockaden wahr und gehen darauf ein? Sprechen Sie hemmende Gesprächsformen an?		
18. Beenden und vertagen Sie Gespräche, wenn es nicht mehr weitergeht?		
19. Lassen Sie Ihren Auszubildenden Lösungen entwickeln?		
20. Bringen Sie selbst Lösungen in der Konjunktivform ein?		
21. Bereiten Sie Entscheidungen durch Alternativ- oder geschlossene Fragen vor?		
22. Treffen Sie klare Vereinbarungen und lassen diese wiederholen?		
23. Reflektieren Sie mit Ihrem Auszubildenden kurz das Gespräch?		

Aufgaben	Ja	Nein
24. Nehmen Sie Kritik Ihres Auszubildenden offen an, indem Sie auf unnötige Rechtfertigungen verzichten?		
25. Bedanken Sie sich ehrlich für die positiven Aspekte?		
26. Sprechen Sie selbst kritische Aspekte sachlich und offen an?		
27. Beenden Sie das Gespräch, wenn das Ziel erreicht ist?		
28. Reflektieren Sie das Gespräch noch einmal und leiten gegebenenfalls Konsequenzen für künftige Gespräche ab?		

Schlussbemerkung

Letzte Quizfrage: Wissen Sie noch, wie viel Liter Benzin ein Barrel umfasst? Wenn ja, haben Sie soeben erfahren, wie leicht es ist, sich „gehirn-gerecht" aufbereitete Informationen zu merken. Es ist relativ einfach, in die Rolle eines Coaches zu schlüpfen, wenn Sie die hier vorgestellten Werkzeuge nutzen. Genau so einfach, wie es ist, sich die Antwort auf die Frage „Wie viel Liter Benzin umfasst ein Barrel?" zu merken.

Was den Transfer Ihres Praxis-Know-how betrifft, schrieb Goethe: „Es genügt nicht zu wissen, man muss auch anwenden." Bitte denken Sie daran: „1.000 neue Ideen sind gut – eine realisierte ist besser!" Damit Ihre Ideen eine Chance bekommen, im (Ausbildungs-)Alltag „Fuß zu fassen", nutzen Sie abermals den auf Seite 87 abgebildeten „Jetzt-oder-nie-Aktionsplan". Werden Sie zum Ideen-Verursacher. Wenn Sie jetzt nicht handeln, warum haben Sie dieses Buch gekauft?

Die Autoren bedanken sich recht herzlich bei Ihnen, dass Sie das Buch gekauft und gelesen haben. Wir wünschen Ihnen viel Erfolg beim Umsetzen Ihrer Ideen und verabschieden uns von Ihnen mit den Worten:

„Wir haben fertig ..."

Sind Sie mit dem Buch zufrieden? Dann empfehlen Sie es bitte weiter. Noch besser: Verschenken Sie einige Exemplare an nette Kolleginnen und Kollegen, damit diese nicht „schwarz" ausbilden.

Haben Sie nach dem Lesen des Buches Fragen, Anregungen oder Tipps? Wollen Sie Ihre betrieblichen Ausbildungsprozesse optimieren? Nehmen Sie bitte Kontakt auf mit:

Michael Kluge
Ihr Pädagoge für Ausbildungs- und Schulungskompetenz,
Mittelstraße 45 A, 30982 Pattensen,
Tel.: (0 51 01) 91 56 23, eMail: MKTrainKluge@aol.com

oder

Andreas Buckert
Ausbildungsleiter der Aral AG & Co. KG,
Wittener Straße 45, 44789 Bochum,
Tel.: (02 34) 3 15-22 74, eMail: Andreas.Buckert@aral.de

Hinweise auf Quellen und weiterführende Literatur

Birkenbihl, V. F.: Gehirn-gerechte Kommunikation, Live-Vortrag auf Video. 1988.

Birkenbihl, V. F.: Das „neue" Stroh im Kopf? Vom Gehirn-Besitzer zum Gehirn-Benutzer, 36. überarb. Aufl., Landsberg am Lech 2000.

Buner, R.: Die Suggestopädie – Eine ganzheitliche Lehr- und Lernform, in: Lernen ohne Grenzen. Suggestopädie – Stand und Perspektiven, Bremen 1993.

Decker, F.: Die neuen Methoden des Lernens und der Veränderung. Lern- und Organisationsentwicklung mit NLP, Kinesiologie und Mentalpädagogik, Lichtenau 1995.

Gührs, M./Nowak, C.: Das konstruktive Gespräch. Ein Leitfaden für Beratung, Unterricht und Mitarbeiterführung mit Konzepten der Transaktionsanalyse, 3. überarb. und erw. Auflage, Meezen 1995.

Henkel, H.-O.: Die Macht der Freiheit, 5. Aufl., München 2000.

Kluge, M.: Fachwissen anschaulich vermitteln. Die Arbeitsunterweisung als Mittel zur Mitarbeiterqualifikation, Bad Wörishofen 1994.

Looss, W.: Unter vier Augen. Coaching für Manager, 4. völlig überarb. Aufl., Landsberg am Lech 1997.

Maslow, A. H.: Motivation und Persönlichkeit, Hamburg 1981.

McDermott, I./O'Conner, J.: NLP und Gesundheit. Die offenen Geheimnisse der Gesunden, Freiburg im Breisgau 1997.

Meywald, E.: Selbstkontrolle: Warum Geduld sich auszahlt, in: Psychologie Heute 27, Jg. (2000) Heft 2.

Mohl, A.: Die Wirklichkeit des NLP: Erkenntnistheoretische Grundlagen und ethische Schlussfolgerungen. Nur die Liebe ermöglicht uns, diese Welt hervorzubringen, Paderborn 2000.

O'Conner, J./Seymour, J.: Neurolinguistisches Programmieren: Gelungene Kommunikation und persönliche Selbstentfaltung, 7. Aufl., Freiburg im Breisgau 1997.

PETERS, T. J./WATERMAN, R. H.: Auf der Suche nach Spitzenleistungen. Was man von den bestgeführten US-Unternehmen lernen kann, München 1990.

RÜTTINGER, R.: Transaktionsanalyse, 7. durchgesehene Aufl., München 1999.

RUSCHEL, A.: Die neue Ausbilder-Eignungsverordnung, in: Cramer/Kiepe (Hrsg.): Jahrbuch Ausbildungspraxis 2000. Erfolgreiches Ausbildungsmanagement, Köln 2000, S. 185–191.

SMOTHERMON, R.: Drehbuch für Meisterschaft im Leben, 12. Aufl., Bielefeld 1997.

SPRENGER, R. K.: Das Prinzip Selbstverantwortung. Wege zur Motivation, 2. Aufl., Frankfurt a. Main, New York 1995.

SPRENGER, R. K.: Die Entscheidung liegt bei Dir! Wege aus der alltäglichen Unzufriedenheit, Frankfurt a. Main, New York 1997.

STROEBE, R. W./STROEBE, G. H.: Motivation, 6. neubearb. und erw. Aufl., Heidelberg 1994.

STRUCK, P./WÜRTL, I.: Vom Pauker zum Coach. Die Lehrer der Zukunft, München, Wien 1999.

VESTER, F.: Denken, Lernen, Vergessen. Was geht in unserem Kopf vor, wie lernt das Gehirn, und wann lässt es uns im Stich? 18. überarb. Aufl., München 1991.

WATZLAWICK, P./BEAVIN, J. H./JACKSON, D. D.: Menschliche Kommunikation. Formen, Störungen, Paradoxien, 7. Aufl., Bern, Stuttgart, Wien 1985.

WITTER, W. (Hrsg.): Methoden der Ausbildung. Didaktische Werkzeuge für Ausbilder, Köln 2000.

WOLF, D./MERKLE, R.: So überwinden Sie Prüfungsängste. Psychologische Strategien zur Vorbereitung und Bewältigung von Prüfungen, 4. Aufl., Mannheim 1995.

Stichwortverzeichnis

A
Abschlussprüfung 65, 69, 137
Abspeckungsprinzip 36
Alternativfragen 73
Aktionsplan (Beratung) 164
Anerkennung, Elemente 89
Anforderungsprofil 14
Ankern 140 ff.
Arbeitsergebnisse
– Verwendbarkeit 110
– Zuverlässigkeit 110
Arbeitsplanung 110
Auffassungsgabe 111
Aufgabenbeschreibung 123
Ausbilden, „gehirn-gerecht" 53 ff.
Ausbilder
– delegierender 27
– Führungsstil 28
– partizipierender 27
– Rolle 101, 151
– unterweisender 26
– verkaufender 26
Ausbilder-Grundtypen 26
Ausbildung, Ziele 10
Ausbildungsbeauftragter 11
Ausbildungsbeginn 122
Ausbildungsgespräche 121 ff.
Ausbildungsmittel 59
Ausbildungsplanung 31 ff.
Auszubildender
– Fachkompetenz 29
– Feedback 124
– Motivation und Engagement 30
– Reifegrad 27 ff.

B
Bandler, Richard 49, 135
Bedürfnisprofil 97
Bedürfnispyramide 91 ff.
Belastbarkeit 111
Beobachtungsbogen 107

Beobachtungsfehler, typische 113
Beobachtungsprozess 105 ff.
Berater 21
Beratung 133 ff.
Beratungsgespräch
– 7-Schritte-Modell 147 ff.
– Checkliste 152
Berufsbildungsgesetz 11, 14
Berufserziehung 17
Beurteilungen 99 ff.
Beurteilungsbogen 112, 123, 126
Beurteilungsfehler 113 ff.
– Checkliste 121
Beurteilungsgespräch 127 ff.
– Checkliste Durchführung 129
– Checkliste Nachbereitung 130
Beurteilungskriterien 107 ff., 123
Beurteilungsmaßstab 34
Beurteilungsobjektivität 121
Beurteilungsverfahren 99
Beziehungsaspekt 144
Birkenbihl, Vera F. 54
Blanchard/Hersey-Konzept 28
Brainstorming 149

C
Coach 10, 15 ff.
Coaching 15 ff.
Coachingprozess
– Anlässe 16
– Merkmale 20
– und Beurteilung 101
– und Motivation 72
Coaching-Stil 28

D
Da Vinci, Leonardo 33
Denken, Arten von 40 ff.
Derrick-Strategie 91
Druck-Motivation, Elemente 79
Duales Studium 14

E
Eigenständigkeit 9
Eigenverantwortung 84
Einführungsgespräch 122 ff.
- Checkliste 124
- Formular 125
Engagement 30
Erwartungseffekt 116, 143, 146

F
Fachkompetenz 29
Fachwissen, Checkliste 59
Feedback 103 ff., 124
Fragen
- geschlossene 73
- offene 73, 162
- Konstruktivfragen 74
Freude-Druck-Prinzip 86
Freude-Motivation, Elemente 79
Freude-Prinzip 76
Führungsstil 28 ff.

G
Gehirn-gerecht 56 ff.
Gespräche, Grundschema 122
Gesprächsführung, Checkliste 168
Gesprächsregeln 158, 160
Gesprächsstrategie,
   7-Schritte-Modell 147 ff.
Grenzen des Motivierens 82
Grinder, Michael 49, 135

H
Halbe-Halbe-Prinzip 152
Handlungskompetenz 13
Hersey/Blanchard, Führungstheorie 28
Hilfe zur Selbsthilfe 20, 149
Hin-zu-Motivation 76

I
Inhaltsaspekt 144

J
Jetzt-oder-nie-Aktionsplan 86
Johari-Modell 101 ff.
Judo-Prinzip 138

K
Kindermalbuch-Methode 49
Kommunikation, Gesetz 144, 160
Kommunikationsfähigkeit 36, 108
Kommunikationsmissverstständnisse 47
Kommunikationsmodell 145
Kommunikationsprozesse 133
Kompetenz 27
Konditionierung 43, 140
Konflikte 19, 153
Konfliktgespräch 133
- Checkliste 167
- Durchführung 158 ff.
- Nachbereitung 165
- Motive 155
- Vorbereitung 157
Konfliktlösung, 6-Schritte-Modell 153 ff.
Konfrontation 18
Konstruktivismus, radikaler 135, 168
Kontakt 140
Kooperationsfähigkeit 109
Korrekturfehler 117
Kreativitätsstrategie 38
Kundenorientierung 46 ff., 88

L
Leading 139
Lernchance 10
Lernen 18
Lernen durch Verknüpfung 38
Lern-Erfolgsjournal-Methode 90
Lernmotivation 64
Lerntyp
- akustischer 50
- auditiver 47
- handelnder 52
- kinästhetischer 47, 50, 123
- motorischer 47
- visueller 47, 50, 123
Lerntypen-Übung 51
Lerntypgerecht 89
Lernumgebung 52
Lernvertrag 85
Lernziele 32 ff.
Loben 89

M
Macht 18
Maslow'sche Bedürfnispyramide 91 ff.
Medien 52
Menschen
– kinästhetische 84
– visuelle 84
Mentales Training 68, 143
Merkmale 20
Methodenspezialist 21, 151
Milde-Fehler 118
Motiv 63
Motivation
– Druck-Motivation 79
– Freude-Motivation 79
– Grenzen der Motivation 82 ff.
– Rahmenbedingungen 86 ff.
– Reifegrad 30
– Yin-Yang-Prinzip 75 ff.
Motivationsakku 128
Motivations-Formel 63
Motivationsprozess 63, 79
Motivationspsychologie 76
Motivieren 61 ff.

N
Nachahmungs-Effekt 86
Nikolaus-Effekt 119
NLP Neurolinguistisches Programmieren 49, 134 ff.
Nonverbale Äußerungen 144
Normensystem 18

P
Pacing 137
Pawlow 43, 140
Personalausbildung, Instrument 16
Persönlichkeitsentwicklung 10
Persönlichkeitsförderung 10, 14
Planungsphase 57
Problemlösung 147 ff.
Projektionseffekt 116
Prüfungen 65, 69, 137, 139, 143
Pygmaliontheorie 143

R
Rahmenbedingungen, motivierende 86
Rapport 137
Regeln 103
Reifegrade 27 ff.
Ressourcenorientierung 134, 139
Rolle 22

S
Schlüsselqualifikationen 10, 13 ff., 36, 108
Schmerz-Prinzip 76
Selbsthilfe 72
Selbstmotivation 83, 97
Selbstständigkeit 109
Selbstverantwortung 9, 20, 83, 145, 152, 156
Separator 141
Sich selbst erfüllende Prophezeiung 143, 146
Sinne aktivieren 136, 141
Sozialkompetenz 17
Sperry, Roger 54
Sprenger, Reinhard K. 82
Strenge-Fehler 118
Stuhl-Gang-Methode 38 ff., 140

T
Teilziele 71
Tendenz zur Mitte 118
Training, mentales 68
Transaktionsanalyse 147, 161

U
Überstrahlungsfehler 119
Umgang mit Fehlern 9

V
Verantwortungsbewusstsein 111
Verknüpfung 38
Vermitteln, „gehirn-gerecht" 53
Verstärkungs-Strategie 88
Vertrauen 138
Vester, Frederic 46
Vorurteile 114

W

Wahrnehmung 160
Wahrnehmungspsychologie 105
Walt Disney Kreativitätsstrategie 38 ff.
Watzlawick, P. 134
Werte 90
Wertesystem 18
W-Fragen 73
Wissensvermittlung 48

Y

Yin-Yang-Prinzip 75 ff.

Z

Zielorientierung 64 ff., 139
Zivilcourage 18
Zuckerbrot und Peitsche 80
Zuhören 152
Zuverlässigkeit 110
Zwischengespräch 126
Zwischenprüfung 139

Mehr Wissen.
Mehr Erfolg.

Cramer (Hrsg.)

Aufgaben und Stellung des Ausbilders

Zeitgemäßes Ausbilden in Betrieben

2000, 148 Seiten, DIN A5, broschiert,
€ 19,95/SFR 39,90
ISBN 3-87156-233-5

„Aufgaben und Stellung des Ausbilders" ist eine aktuelle praxisnahe Fibel für alle, die sich um die betriebliche Ausbildung junger Menschen kümmern.

Buckert/Kluge

Der Ausbilder als Coach

Motivierte Auszubildende am Arbeitsplatz

2001, 174 Seiten, DIN A5, broschiert,
€ 19,90/SFR 39,80
ISBN 3-87156-359-5

NEU!

„Der Ausbilder als Coach" ist ein praxiserprobter Werkzeugkasten für ausbildende Fachkräfte mit Kommunikationstechniken, die das Lernen am Arbeitsplatz fördern.

Wittwer (Hrsg.)

Methoden der Ausbildung

Didaktische Werkzeuge für Ausbilder

2. Auflage 2001, 200 Seiten, DIN A5, broschiert,
€ 19,90/SFR 39,80
ISBN 3-87156-458-3

„Methoden der Ausbildung" stellt wichtige Methoden in konkreten Anwendungssituationen dar. Ausbilder lernen neben den Strukturmerkmalen einzelner Methoden auch deren Einsatzmöglichkeiten kennen.

Cramer/Timmermann

Kosten und Nutzen betrieblicher Bildung

Aus- und Weiterbildung wirtschaftlich planen und steuern

2001, ca. 165 Seiten, DIN A5, broschiert,
ca. € 19,90/SFR 39,80
ISBN 3-87156-302-1
Erscheint III. Quartal 2002

NEU!

„Kosten und Nutzen betrieblicher Bildung" behandelt zentrale wirtschaftliche Aspekte und Instrumente der Bildungsplanung. Mit diesem Know-how können Bildungsmanager auf Fragen nach der Wirtschaftlichkeit ihres Tuns fundiert antworten.

Sander

Praxishilfe Berufsausbildungsrecht

Rechtssicher in allen Fragen der betrieblichen Ausbildung

2001, 190 Seiten, DIN A5, broschiert,
€ 19,90/SFR 39,80
ISBN 3-87156-307-2

„Praxishilfe Berufsausbildungsrecht" bündelt die wichtigsten Rechtsinformationen zu einzelnen Feldern der Ausbildung und gibt wertvolle Tipps.

Lang/Pätzold

Multimedia in der Aus- und Weiterbildung

Grundlagen und Fallstudien zum netzbasierten Lernen

2002, 219 Seiten, broschiert,
€ 19,90/SFR 39,80
ISBN 3-87156-418-4

NEU!

Lernen im Netz, Multimediales Lernen, E-Learning – diese Schlagworte tauchen in der Bildungsszene immer häufiger auf. „Multimedia in der Aus- und Weiterbildung" gibt Antworten auf die Fragen, welches Lernpotenzial die neuen Medien wirklich besitzen und was heute technisch und didaktisch machbar ist.

Häcker

Ausbilder-Topics von A–Z

Schnelle Antworten zu den wichtigsten Fragen der Ausbildungspraxis

2001, 144 Seiten, DIN A5, broschiert,
€ 15,95/SFR 31,80
ISBN 3-87156-303-X

„Ausbilder-Topics von A–Z" bietet als Lexikon für Ausbildungsfragen schnell auffindbare Informationen zu 120 Stichworten mit einem klaren, praxisnahen Aufbau.

Kluge

Motivationstraining für Azubis

Mit dem Ying-Yang-Prinzip zu mehr Erfolg

2001, 64 Seiten, DIN A5, broschiert,
€ 9,90/SFR 19,80
ISBN 3-87156-471-0

NEU!

Jugendlichen fällt es oft schwer, ihr Lernvorhaben zielgerichtet zu verfolgen. Mit dem „Motivationstraining für Azubis" liegt nun ein Buch vor, das die zentralen Erkenntnisse der Motivationspsychologie vor dem Hintergrund des Ausbildungsalltags pointiert darstellt.

Deutscher Wirtschaftsdienst

box@dwd-verlag.de · www.dwd-verlag.de · Postfach 2352 · 56513 Neuwied

Bestellen Sie gebührenfrei: Telefon (0 800) 776 366 5 · Telefax (0 800) 801 801 8 · oder über den Buchhandel

Mehr Wissen.
Mehr Erfolg.

Mit Multimedia neue Lernwege gehen

Welche Einsatzfelder von E-Learning gibt es in der Aus- und Weiterbildung? Welche Qualitätskriterien sollte man bei der Auswahl von Lernprogrammen und Plattformen anlegen? Wie lässt sich multimediales Lernen in ein Personalentwicklungs-Konzept integrieren? Was sind kritische Erfolgsfaktoren bei der Implementierung neuer Medien?

Das Handbuch gibt praxisnah Antworten auf diese Fragen. Es liefert Bildungsexperten das notwendige didaktische, technische und betriebswirtschaftliche Know-how zur Konzeption und Implementierung multimedialer Lernumgebungen. **Vertiefungsartikel, Praxis-Statements und Fallstudien** aus unterschiedlichen Branchen und Bildungsbereichen zeigen das Spektrum des Machbaren auf und ermöglichen ein effizientes Benchmarking. Ein **Online-Service** informiert regelmäßig im Internet über Neuigkeiten.

Aus dem Inhalt

- E-Learning-Strategie entwickeln
- E-Learning didaktisch gestalten
- Hard- und Software auswählen
- Personalentwicklung unterstützen
- Schnittstellen zu Wissensmanagement, E-HRM, E-Business
- Fallstudien
- Arbeitshilfen (auch auf CD-ROM)
- Glossar
- Online-Service: News im Internet unter: www.global-learning.de/handbuch-elearning

Hohenstein/Wilbers (Hrsg.)

Handbuch E-Learning

Expertenwissen aus Wissenschaft und Praxis
– Strategien, Instrumente, Fallstudien

Loseblatt, 1 Ordner, DIN A4, ca. 700 Seiten,
inkl. CD-ROM,
Grundwerk € 74,–/SFR 148,–
ISBN 3-87156-298-X
ca. 4 Aktualisierungen jährlich

Insgesamt haben **über 60 Experten** aus Wissenschaft und Praxis an diesem Werk mitgearbeitet, allesamt tätig für namhafte Unternehmen und Institutionen wie z. B. Bosch – Boston Consulting Group – DAS Versicherung – Deutsche Bahn – Deutsche Telekom – IHK Aachen – imc – M2S PROKODA – Stanford University – Synergie – Universität Köln – Universität Saarbrücken – Universität St. Gallen u.v.m.

Deutscher Wirtschaftsdienst

box@dwd-verlag.de · www.dwd-verlag.de · Postfach 2352 · 56513 Neuwied

Bestellen Sie gebührenfrei: Telefon (0 800) 776 366 5 · Telefax (0 800) 801 801 8 · oder über den Buchhandel

Mehr Wissen.
Mehr Erfolg.

Im Berufsfeld der Erwachsenenbildung arbeiten zwischen 400.000 und 500.000 Personen. Die meisten von ihnen sind nebenberuflich oder freiberuflich tätig. Wie sieht dieses recht heterogene Berufsfeld, über das wir bisher wenig wissen, heute aus?

Das Buch dokumentiert anhand von 18 persönlichen Portraits die Breite des Berufsfeldes, beschreibt die Vielfalt der Einsatzmöglichkeiten und gibt konkrete Einblicke in die beruflichen Leistungen der Weiterbildungsprofis. Die biografische Darstellungsweise garantiert eine höchst spannende Auseinandersetzung mit der Gegenwart und Zukunft der Weiterbildung in Deutschland. Zusammen mit den dargestellten Fakten im Einführungs- und Serviceteil stellt das Buch einen idealen Leitfaden für die Berufs-orientierung von Erwachsenenpädagogen dar.

Aus dem Inhalt
- Einführung: Wissensgesellschaft und Erwachsenenbildung
- Erwachsenenbildner im Angestelltenverhältnis
- Freiberufliche Erwachsenenbildner
- Ehrenamtlich/nebenberuflich tätige Erwachsenenbildner
- Service: Einrichtungen, Internet-Adressen, Literatur

Aktuelles zum Buch im Internet:
www.wissensjongleure.de

Nittel/Völzke

Jongleure der Wissensgesellschaft

Das Berufsfeld der Erwachsenenbildung

2002, 280 Seiten, kartoniert
€ 20,-/SFR 40,-
ISBN 3-472-04452-7

Die Herausgeber:
Prof. Dr. Dieter Nittel ist Dipl.-Pädagoge und arbeitet als Professor an der Johann Wolfgang Goethe-Universität in Frankfurt/M., Fachbereich Erziehungswissenschaft. Seine Arbeits- und Forschungsschwerpunkte sind: qualitative Bildungsforschung im Bereich der Erwachsenenbildung, erziehungswissenschaftliche Biografieforschung, Professions- und Organisationstheorie.

Reinhard Völzke ist Dipl.-Sozialpädagoge und arbeitet als Bildungs-referent bei der Evangelischen Erwachsenenbildung Ennepe-Ruhr in Witten. Seine Arbeitsschwerpunkte sind: biografische Arbeitsformen in der Bildungsarbeit, selbst-gesteuertes Lernen mit Computer und Internet, Workshops und Beratungen im Bereich der Personal- und Organisationsentwicklung.

Luchterhand Verlag

info@luchterhand.de · www.luchterhand.de · Postfach 2352 · 56513 Neuwied

Bestellen Sie gebührenfrei: Telefon (0 800) 776 366 5 · Telefax (0 800) 801 801 8 · oder über den Buchhandel